KB155871

당신이 절대 버리지 말아야 할 것

당신이 절대
버리지 말아야 할 것

탄윈페이 지음 | 하은지 옮김

THE COMPETITIVE

남다른 성공을 만드는 '내성적인 사람들'의 경쟁력

POWER
OF INTROVERTS

국일미디어

내향적인 성격은
잘못이 없다

사람들은 태어나서부터 죽을 때까지 단계별로 각종 심리적 압박에 시달리며 오랜 시간에 걸쳐 '차별하고 차별당하는 단계'를 지난다.[1] 개인에 대한 개인의 차별, 단체에 대한 개인의 차별, 심지어 단체에 대한 단체의 차별에 이르기까지, 서로 다른 범위에서 벌어지는 '비이성적인 관심'은 종종 상상하지 못한 참극을 낳기도 한다. 외향적인 사람들 위주로 돌아가는 사회에서 내향적인 사람을 무시하고 외면하는 것이 가장 전형적인 예다.

모두 알다시피 우리가 살아가는 이 사회는 치열한 경쟁과 협력을 강조하는 외향형 주도의 사회다. 많은 부모들이 자녀가 어릴 때부터 사교 활동에 적극적으로 참여하길, 그리고 그 속에서 외향적인 성격의 사람으로 자라나길 바란다. 그러니까 어른들의 머릿속에는, 내향적인 성격은 아이의 성장에 불리하게 작용해 사회에서 우위를 점하지 못하게 한다는 생각이 있는 것이다. 이렇게 사람들의 일반적인 논리에 근거해서 생각해보면 내향적인 사람의 성장 과정은 순탄치 못하며 향후 인생에서 성공을 거두는 일은 더 어렵다.

외향적인 성격의 사람들은 대인 관계에 열심을 쏟는다. 열정이 넘치고 말하기 좋아하며 자신감이 충만하고 사람 사귀는 걸 즐긴다. 늘 에너지가 충만하고 모험을 즐기며 리더의 재능을 뽐내는 그들은 연설이나 가르치는 일, 사람들을 지휘하거나 관리하는 일에 적합하다. 그에 반해 혼자 일하는 건 별로 좋아하지 않는다. 답답하고 무료하다고 느끼기 때문이다.

외향적인 성격을 숭상하는 오늘날의 사회 분위기 때문에 내향적인 사람은 종종 '이상한 사람' 취급을 받는다. 그런데 이 세상에 내향적인 성격을 지닌 사람은 얼마나 될까? 연구 결과 적게는 25퍼센트, 많게는 50퍼센트라는 설이 존재하며, 심지어 57퍼센트에 달한다고 주장하는 학설도 있다. 재미있게도 사람들의 부러움을 한몸에 받은 '성공 인사'들 가운데 약 70퍼센트가 정도는 다르지만 모두 내향적인 성격을 지녔다. 천부적 재능이 있는 사람들 가운데 내향적인 사람이 많다는 게 객관적인 현실인데도, 내향적인 사람들 자신조차 그 사실을 잘 알지 못한다.

내향적인 사람에 관한 오해는 이뿐만이 아니다. 그들은 늘 수줍음과 부끄러움을 타며 낯선 사람과 어울리기 싫어한다고 생각되지만 그렇지 않다. 행동학의 관점에서 보면 내향적인 사람과 외향적인 사람의 차이는 행위를 일으키는 내면의 동력에 있다. 즉 내향적인 사람은 다른 사람의 방해나 간섭 없이 혼자 일할 때 에너지를 발산한다. 다른 사람과 같이 있거나 시끄러운 환경에서는 피로감을 느낀다.

언뜻 단점으로 보이는 면모일지라도 생각의 장벽을 허물면 동전의 다른 면을 볼 수 있다. 다시 말해 단점은 얼마든지 장점으로 전환이 가능하다는 얘기다. 내향적인 사람들의 경우에도 마찬가지다.

내향적인 사람은 침착하고 조용한 분위기를 좋아한다. 이런 환경 속에서 에너지를 회복하고 가장 효과적인 방법을 생각해내기 때문이다. 그래서 그들은 조용히 독서를 하거나 글을 쓰고 그림을 그린다. 상당수의 예술가나 작가, 조각가, 작곡가, 발명가 들이 매우 내향적인 이유가 바로 여기에 있다.[2]

대부분의 내향적인 사람이 사교 활동에 참여하는 걸 꺼린다. 사람을 사귈 줄 모르거나 세상을 멀리하기 때문이 아니라, 혼자서 하는 활동이나 소수의 사람이 참석하는 활동에서 더 큰 즐거움을 느끼고 마음이 통하고 뜻이 맞는 사람과 교류하는 걸 더 좋아하기 때문이다. 그래서 전문적인 영역에 내향적인 사람이 많이 포진해 있다. 그들은 탐구하는 걸 즐기고 새로운 사물과 경험을 발견할 때 기쁨을 느끼며 그로써 놀라운 성과를 거둔다. 아인슈타인, 빌 게이츠, 워런 버핏, 알프레드 히치콕, 스티븐 스필버그, 무라카미 하루키 등이 그런 인물에 해당한다.

스포트라이트를 받으면서 작품을 촬영하는 스타 배우들 중에도 내향적인 사람이 많다. 할리우드 스타 줄리아 로버츠, 메릴 스트립, 클린트 이스트우드, 톰 행크스, 해리슨 포드 등이 내향적인 성격으로 알려져 있다. 내향적인 사람은 대중과 교류하지 못한다는 생각은 잘못된 것이다.

많은 사람이 내향적인 사람은 말하는 걸 좋아하지 않으며 냉정하다고 생각하는데, 사실 그들은 단어 선택에 신중하고 말하기 전에 깊이 생각하는 것뿐이다. 사람이 많이 모인 장소에서 내향적인 사람이 주목받지 못하는 이유는 그들이 사람들의 관심을 부담스러워하여 주로 듣는 역할을 하기 때문이다. 그들은 설령 사람들의 관심이 다른 곳에 있고 별로 중요하지 않은 대화를 나눌 때라도 말할 때 항상 신중한 태도를 취한다.[3]

내향적인 사람들은 많은 강점을 지니고 있다. 소수의 사람들과 함께 일할 때 팀워크를 발휘하고, 독립적으로 일할 수 있으며, 융통성 있는 사고를 지녔다. 자기 성찰을 잘하고, 책임감과 창의력이 넘치며, 정확한 분석 능력까지 겸비하고 있다. 하지만 현대 사회의 많은 영역은 내향적인 사람들의 강점을 잘 이해하지 못한 채 여전히 외향적인 사람에게 과도하게 의존하고 있다.

만일 당신이 내향적인 사람이라면 절대 당신 성격에 문제가 있다고 생각하지 않길 바란다. 열등감을 느낄 필요도 없고 수치감을 느끼거나 예민해질 필요도 없다. 외출을 잘 하지 않는다고 해서 마음에 부담을 느끼지 않아도 된다. 침착하고 신중하며 집중력을 잘 발휘하고 경청을 잘하며 놀라운 통찰력을 지닌 당신의 강점을 무시하지 말라.

적극적으로 행동하는 외향적인 사람들이 직장이나 각종 사교 장소에서 사람들의 주목을 받기 쉬운 것은 사실이다. 하지만 그들도 종종 집중력을 발휘하지 못하거나 계획에 여러 허점이 발견되는 등의 실수를 한다.

대다수의 내향적인 사람이 오해와 편견을 사는 이유가 뭘까? 외향적인 사람 중 다수가 내향적인 사람의 행동과 생각을 이상한 눈으로 바라보며 심지어 내향적인 사람조차 자신을 잘 이해하지 못하기 때문이다.

이제 내향적인 사람들도 자신의 장점과 강점을 올바르게 인식해야 할 때가 되었다. 가장 먼저 바로잡아야 할 것은 외향성 주도의 사회 문화 속에 적응하기 위해서는 내향적인 성격을 억지로라도 바꿔야 한다는 생각이다. 모든 사람은 자기만의 독특한 개성을 지녔다는 사실을 정확히 알아야 한다. 우리 모두에게는 장점도 있고 단점도 있다. 이 책의 목적은 냉정하게 자신을 평가해 강점을 최대한 발휘하고 단점을 수정하는 것이며, 이로써 대중과 사회의 요구를 맹목적으로 따라가는 일을 막는 것이다.

이 책을 통해 다음과 같은 세 가지 부분에서 작은 성과를 거둘 수 있으리라 믿는다. 첫째, 나 자신이 내향적인 사람인지 아닌지를 객관적으로 판단할 수 있다. 둘째, 내향적인 성격을 깊이 있게 이해하고 잠재적인 강점을 깨달을 수 있다. 셋째, 내향적인 성격의 강점을 구체적으로 어떻게 활용하여 각종 문제에 대응할 수 있을지 알 수 있다.

책에는 내향적인 사람들의 학교생활과 직장생활, 대인 관계와 부모의 양육법 등에 관한 내용과, 대응법과 관리법, 가치 있는 제안 등이 담겨 있다. 부디 이 책이 내향적인 사람이 외향적인 사회에서 생존하는 데 많은 도움이 되고 그들의 성공에 좋은 길잡이가 되길 희망한다.

목차

PART 2

판을 뒤집는
내향인의 자질

PART 3

세상 앞에
당당하게 서다

PART 1

세상의 절반은
내향인의 것

THE

COMPETITIVE

POWER

OF INTROVERTS

01

나는 내향적인 사람입니다

외향적인 성격만
인정받는 사회

내향적인 사람들은 마치 가부장적 체제 속에서
가치관이 무시된 여성들처럼 살아간다.

우리가 살아가는 현대 사회는 비즈니스 경제 중심으로 발전하고 있다. 이러한 사회 배경은 우리가 그에 상응하는 대인 관계 능력을 갖추도록 요구한다. 많은 사람은 외향적인 성격의 사람들이 내향적인 성격의 사람들보다 이러한 환경에 훨씬 쉽게 적응한다고 생각한다. 또 외향적인 사람들의 관계망이 훨씬 넓고 사회 각 분야에서 더 많은 성공을 거두었다고 얘기한다. 외향적인 성격의 사람이야말로 현대 사회의 이상적인 인재상이라고 생각하는 것이다.

1920년대, 스위스 심리학자 칼 구스타프 융^{Carl Gustav Jung}이 '내향형-외향형 인격 유형'의 학설을 제시하면서 내향적인 사람과 외향적인 사람의 개념을 정의하고 해석했다. 그는 사람들 중에는 외부로 에너지를 분출하면서 외부 세계를 인식하고 바꾸는 데 전력을 다하는 유형이 있는가 하면 내면으로 생명력을 발산하면서 자신의 내면을 인식하고 바꾸는 유형이 있다고 설명했다.*

칼 구스타프 융은, 내향적인 사람들은 내면세계의 생각과 감정에 많이 이끌리며 외향적인 사람들은 외부의 생활이나 활동에 더 관심을 기울인다고 설명한다. 그의 주장에 따르면 내향적인 사람의 주의력은 보통 사물의 의미에 집중되는 반면, 외향적인 사람들은 사건에 집중한다. 내향적인 사람들은 혼자 있을 때 에너지를 충전하지만, 외향적인 사람들은 사교 활동에서 에너지를 충전한다.

아서 레버Arthur S. Reber의 《심리학 사전Dictionary of psychology》에서는 내향적인 성격을 이렇게 정의한다. '일종의 주요한 인격적 기질로 자아에 집중하며 사교 능력이 부족하고 소극적이고 수동적인 특징을 보인다.' 그렇다면 외향적인 성격은 어떻게 정의할까? '외부 세계에 관심이 많고 자신감이 넘치며 사교 능력이 뛰어나고 하고 싶은 말을 과감하게 한다. 느낌이나 감각을 추구하며 권위를 숭상한다.'[1]

성격은 여러 종류로 나뉘지만, 사람들은 습관적으로 '외향적' 혹은 '내향적'이라는 두 가지 요소를 주요 판단 기준으로 삼는다. 자신이 내향적인 성격이라고 생각하는 사람들은 삶에서 오는 여러 스트레스나 압박 때문에 변화를 갈망한다. 그들은 심리 상담을 받거나

---

* 1921년 출판된 칼 구스타프 융의 저서 《심리유형학Psychological Types》에는 그가 오랜 시간 심리치료를 하면서 환자들을 관찰한 결과 여러 유형의 인격이 있음을 발견했다는 설명이 나온다. 그는 이러한 유형을 내향적 성격과 외향적 성격으로 분류했다.

책을 읽는 등의 방식으로 자신을 외향적인 성격으로 바꾸려 한다. 마치 내향적인 성격이 자신의 잘못인 것처럼 생각하며 모든 문제의 근원을 그것으로 귀결시킨다. 일상의 어려움을 겪거나 대인 관계에서 각종 문제를 만났을 때 자신의 내향적인 성격 탓이라고 생각하며 성격을 바꿔야만 더 나은 자아를 만들고 성장할 수 있다고 여기는 것이다.

많은 사람의 눈에 외향적인 사람들은 사교에 능하고 머리가 좋은 사람으로 비친다. 그래서인지 그들은 어떤 모임에서든 화제의 중심인물이 되고는 한다. 낙관적이고 적극적인 성격의 외향적인 사람들은 고민이나 어려움이 없어 보여서 많은 사람들이 그들을 부러워한다.

베스트셀러 《콰이어트Quiet》의 저자 수전 케인Susan Cain이 분석한 것처럼 이 사회는 외향적인 사람들이 주도하고 있다. 반면 내향적인 사람들은 일종의 '루저'처럼 취급당한다. 이런 사회적 분위기 속에서 내향적인 사람들은 마치 가부장적 체제 속에서 가치관이 무시된 여성들처럼 살아가며 심지어 능력이 부족한 사람으로 평가되기도 한다.[2] 그러나 전 세계 인구의 3분의 1에서 2분의 1은 내향적인 사람들이다. 내향적인 사람들이 정말 사회 발전에 부적합했다면 어떻게 그 오랜 시간 동안 인류의 진화 과정에서 도태되지 않았단 말인가?

사람의 성격은 주로 자신이 속한 사회 환경의 영향을 받는다. 그러므로 각양각색의 성격이 존재하는 것은 매우 당연한 일이다. 20세기에는 경제 위주의 발전을 거치면서 세계적으로 경쟁과 협력을 추구하는 사회적 추세가 나타났고 이로써 사람들은 외향적 성격과 내향적 성격의 각종 장단점을 분석하고 해석하게 되었다. 그리고 어떤 성격이 우위를 점하는지, 어떤 성격이 경쟁력 있는지에 관해 잠정적인 결론을 내리게 되었다.

중국은 아주 오랜 시간 농경사회 위주의 국가였다. 도연명陶淵明이 기록한《도화원기桃花源記》속 전원생활의 모습을 살펴보면 일상에서 사람들의 활동 범위는 자신의 촌락, 혹은 주변 수십 리 구역이 전부였다. 사람들은 해가 뜨면 밭을 갈고 해가 지면 쉬었다. 매일 함께 일하는 동료 및 왕래하는 이웃들과는 집에 숟가락이 몇 개가 있는지 알 정도로 가깝게 지냈다. 심지어 대부분의 사람들이 평생 자신의 고향을 한 번도 떠난 적이 없었다. 이런 사회 속에서 사람들은 책임감이 있는지, 예의를 잘 지키는지, 겸손함의 미덕을 갖췄는지를 매우 중시했다. 다른 사람 눈에 내가 어떻게 비칠지는 전혀 신경 쓰지 않았다.

하지만 근대 공업화 시대가 오면서 경제화, 도시화가 가속화되었고 사람들은 복잡한 사회관계망 속으로 들어가게 되었다. 매일 일터에서 각양각색의 사람들을 만나게 되었고 모든 교제와 왕래는 자신이 담당한 제품을 판매하기 위해서, 혹은 한 번의 협업을 위해서만 진행되었다. 그러다 보니 아무런 혈연관계 혹은 친분이 없는 상태에서 어떻게 하면 좋은 인상을 남길지가 인간관계의 최우선 과제가 되었다. 환경에 더 잘 적응하기 위해서, 더 많은 미래의 가능성을 열어놓기 위해서 사람들은 어쩔 수 없이 누군가를 사귈 때 어떻게든 좋은 인상을 남기려 노력하게 되었다. 그래서 열정이 넘치고 활발한, 말을 잘하고 설득력이 있는, 주도적인 성격의 외향적인 사람들이 더 많은 환영을 받는 것처럼 인식되기 시작했다.

시간이 갈수록 경쟁이 치열한 현대 사회에 가장 어울리는 사람은 외향적인 사람들인 것처럼 비쳤다. 경제 사회가 끊임없이 발전을 거듭하면서 그들은 물 만난 고기처럼 점점 더 많은 이들의 환영과 사랑을 받았다. 지금까지도 우리 사회는 여전히 외향적인 사람들을 더 높게 평가하고 있고 외향적 가치관이 폭넓게 자리 잡고 있다. 실제로 외향적 성격의 사람들이 내향적인 사람들보다 더 많은 기회를 얻고 더 크게 인정을 받는다.

현대 사회의 가치 체계가 계속해서 사람들에게 외향적으로 변하길 요구하기 때문에 그런 사람들만이 환영받고 우대받는 것이 사실이다. 학교에서는 물론 연애를 하거나 친구를 사귈 때도 말을 잘하는 사람이 조용하고 침묵하는 사람보다 더 매력 있어 보인다. 그런 사람들이 더 좋은 첫인상을 남기기 때문이다. 아직까지도 여러 영역에서는 담력을 키우고 끊임없이 도전하는 것이야말로 중요한 성공의 전제라고 말한다. 담이 큰 사람이 경쟁에서 살아남을 수 있고 기회를 잘 포착하며 손을 내밀어야 할 때 내밀 수 있다고 말이다. 경쟁이 치열한 이 사회에서 외향적인 사람들의 이러한 특징은 커다란 무기가 된다. 그들은 자신을 긍정하고 홍보해서 사람들이 자신의 장점을 빠른 시간 안에 알아채게 한다.[3]

여러 가지 이유 때문에 내향적인 성격의 사람들은 날마다 새롭게 변하는 이 치열한 사회 속에서 어떻게든 살아남기 위해 외향적인 사람으로 거듭나려고 노력한다. 그들은 자신의 내향적인 성격을 그대로 수용하거나 인정하지 않는다.

내향적인 성격 = 루저?

사람들은 내향적인 사람들에게 융통성을 키우라고,
조금 더 외향적인 사람이 되는 법을 배우라고 조언한다.

사람의 기질은 천부적으로 타고나지만, 개인의 개성은 일생 동안
겪은 경험과 문화적 배경 등의 영향을 받기 때문에 매우 복잡한 모
습으로 나타난다. 혹자는 기질은 건축 부지와 같고 개성은 그 위에
세워진 건축물과 같다고 표현하기도 한다.

심리학과 신경학의 연구 결과 외향적인 성격과 내향적인 성격은
유전적 요소 및 생리적 요소와 연관 있는 것으로 밝혀졌다. 사람들은
외향적인 성격으로 타고난 것은 신이 내려준 '선물'과 같으므로 그 성
향을 귀중히 여기고 감사해야 한다고 말한다. 또 유전적으로 아예 다
른 성격을 타고난 내향적인 사람과 외향적인 사람은 일반적으로 똑
같은 일을 겪는다고 해도 반응이 완전히 다르다. 예를 들어 내향적인
성격의 사람들이 훨씬 큰 충격을 받으며 긴장이나 두려움, 초조함 등

감정적인 동요를 많이 일으키는 모습을 보인다.

"그렇게 혼자만 있는 건 좋지 않아. 너만의 세계에서 좀 나오렴."
"평소에 왜 그렇게 말이 없어? 친구들이랑 얘기하는 게 싫어?"
"나중에 직장 생활을 어떻게 하려고 그래? 그런 성격으로는 진급도 어
렵고 관리자가 되기도 쉽지 않아."

내향적인 성격의 사람이라면 가족이나 친구들에게 이런 충고를 한 번쯤은 들어봤을 것이다. 그들은 내향적인 사람들에게 융통성을 키우라고, 조금 더 외향적인 사람이 되는 법을 배우라고 조언한다. 그들의 눈에 내향적인 사람들의 미래는 어둡다. 심지어 근심이 많은 사람, 자괴감에 휩싸인 사람, 너무 과묵한 사람, 말하기 싫어하는 사람 등의 꼬리표를 달기도 한다.

이렇듯 외향적인 성격이 이상적인 성격인 것처럼 여겨지는 사회 속에서 내향적인 사람들은 주눅들어 살아간다.

당신의 지난 생애를 돌아보아도 쉽게 알 수 있다. 주변 어른들 중에 내성적인 성격이 '좋은 성격'이라고 말해준 사람은 없을 것이다. 예를 들어 어릴 적 집에 손님이 왔을 때 부끄러움을 타며 인사를 하지 않으면 부모님은 미안한 표정을 지으며 이렇게 말한다. "죄송해요. 아이가 낯을 많이 가려서요."

학교에서도 조용한 성격의 아이는 늘 이런 질문을 받는다. "너는 왜 우리랑 같이 안 놀아?" 직장에서도 마찬가지로 말수가 적으면 상사나 동료들은 그를 팀에 잘 어울리지 못하고 적응하지 못하는 사람으로 간주한다. 전체적인 사회 환경이 외향적인 사람들에게 주도권을 넘겨주고 상대적인 우위를 점하게 하다 보니 내향적인 사람들에게 그들 마치 '천적'처럼 느껴진다.

외향적인 사람들은 자기표현을 잘하지만 내향적인 사람들은 누군가를 사귀고 소통하는 데 비교적 부족한 모습을 보이기 때문에 일반적으로 사람들의 관심을 받기 어렵다. 그래서 특히 경쟁이 치열한 직장에서 뒤처지기 쉽다. 예를 들어 내향적인 사람들은 설령 자신이 고안해낸 아이디어라 할지라도 앞에 나서서 프레젠테이션을 하지 않는다. 혹시나 발표를 잘하지 못하면 어쩌나, 모르는 질문을 받게 되면 어쩌나 하는 걱정에 휩싸여 차라리 그 기회를 다른 사람에게 양보하는 게 낫다고 생각한다.

이렇듯 내향적인 사람들은 낯선 환경에서 쉽게 긴장감과 근심에 휩싸인다. 그들은 정말 경쟁에 적합하지 않은 것일까? 이런 사람들은 명창이 되려고 피를 토해내며 소리를 연습하는 소리꾼처럼, 매일 아침 큰소리로 구호라도 외치며 성격을 바꾸기 위해 노력해야 하는 걸까? 소위 성공했다는 사람 중에는 정말 내향적인 사람이 하나도 없는 걸까?

사실 이 세상의 그 어떤 일에도 '절대적'이라는 건 존재하지 않는다. 조용하고 말수가 적은 사람들과 말하기 좋아하고 입담이 좋은 사람들이 서로 균형을 이루며 살아가는 것이 바로 이 세상이다.

진정한 나를 찾아가다

그것은 내면에 존재하는 '진정한 나'와 강제적인 분리를
겪으면서 나타나는 불안이었다.

사실 요즘에는 외향적 성격과 내향적 성격 사이에 뚜렷한 경계가
없다. 내향적인 사람이라도 온라인을 통해 얼마든지 자신의 내면세
계와 생각을 적극적으로 표현할 수 있기 때문이다. 물론 그들의 가
족이나 친구 대부분은 그런 모습을 보며 놀라움을 금치 못한다. 그
들은 내향적인 사람이 '사이버 세상'에서 진실한 자기를 자유롭게
표현하리라고 상상하지 못한다. 그러나 외향적인 사람들에 비해 내
향적인 사람들은 상대적으로 일부 온라인 커뮤니티에서 더욱 활발
하게 활동한다. 사람을 직접 대면하지 않는 교류 방식을 더 선호하
기 때문이다.

내향적인 사람에게는 100명의 사람들이 앉아 있는 회의실에서 먼
저 손을 들고 발언하는 것이 엄청난 고역일 수 있다. 어쩌면 죽는 날

까지 그런 일은 없을지도 모른다. 하지만 두 시간 동안 정성 들여서 쓴 글을 블로그나 개인 SNS에 업로드해, 수백 명, 심지어 수만 명에게 관심을 받는 일은 종종 있다.

성격은 이미 결정되어 있다

세상을 살아가는 모든 사람에게는 자유의지가 있다. 물론 이 개념의 의미는 매우 포괄적이다. 사회학적인 각도에서 보면 모든 사람은 자기 행동에 책임을 져야 하며 모든 행동은 칭찬이나 비난을 받을 수 있다. 간단하게 말하면 모든 사람은 각기 다른 선택을 할 수 있는 능력이 있다는 뜻이다. 즉 모든 사람은 자유의지에 따라 자신의 개성을 선택하고 만들 수 있다.

내향적인 사람들은 대뇌의 편도체가 특히 발달해 있다. 편도체는 뇌의 변연계limbic system에 속하는 구조의 일부로서 동기, 학습, 감정과 관련된 정보를 처리하는 데 중요한 역할을 한다. 새로운 사물을 접했을 때 편도체가 민감한 사람은 변화를 민감하게 포착한다. 이러한 사람들은 자신의 삶을 안정적이면서 순조롭게 배분하기 때문에 세밀한 환경의 영향에도 주의를 기울이며 스스로 듣고 보고 경험한 것에 매우 민감하게 반응한다.

다른 사람들이 보기에 내향적인 사람들은 부자연스럽게 행동하는 것처럼 보인다. 나아가 데이트나 회사 면접 등 특수한 상황이나 장소에서는 지나치게 긴장하는 모습을 보이기도 한다. 이렇듯 외부 환경에 민감한 그들은 인생에서 물질주의나 향락주의보다는 철학 혹은 정신적인 가치에 치중하는 모습을 보인다.[4]

성격은 어느 정도 인위적으로 만들어낼 수 있겠지만 매우 제한적인 영역에서 가능하다. 개인의 성격은 상당 부분 유전자에 의해 결정되며 대뇌와 신경계통의 영향을 받는다.

꼭 바꿔야 하는 걸까?

내향적인 성격을 꼭 외향적으로 바꿔야 하는 걸까? 셰익스피어의 '죽느냐, 사느냐'를 활용한 '이분법' 사고방식으로 한번 생각해보자.

당연히 내향적 성격도 그만의 장점이 있다. 생리적인 조건으로 보면 내향적인 사람들은 신경이 훨씬 예민하기 때문에 아주 세밀한 부분도 잘 관찰하고 포착해낸다. 예민함이 불편할 때도 있지만 때로는 매우 유용하기도 하다. 예를 들어 내향적인 사람들은 아름다움에 예민하게 반응해서 자신의 정신적인 생활을 더욱 중시한다. 그래서 이러한 사람들 중에는 문학가, 예술가가 많다.

내향적인 사람들은 타인을 향한 동정이나 긍휼을 잘 느끼며 품행이나 도덕적인 면에서 자신의 잘못이나 실수에 쉽게 죄책감을 느낀다. 또 직업적인 부분에서는 어떤 일을 하기 전에 사전준비를 철저히 하는 습관이 있다. 결론적으로 내향적인 사람들은 업무 파트너에게 훨씬 믿을 만한 사람이다. 이렇게 많은 장점을 지녔는데 왜 내향적인 성격 때문에 걱정하고 불안에 떨어야 하는가?

내향적인 성격의 사람이라면 아마도 과거에, 특히 청소년 시절에 성격을 바꾸기 위해 많은 노력을 했을 것이다. 내가 아는 한 친구는 대형 마트에서 일하는데 평소에는 매우 외향적이다. 그런데 우연한 기회에 이야기를 나누어 보니 그는 원래 매우 내향적인 사람이었고 외로움을 자주 느끼고 있었다. 그는 대학 입학 후 어떻게 해서든 외향적인 사람으로 바뀌어보자는 결심을 했다. 친구들에게 먼저 다가가 인사를 하고 말을 걸었으며 각종 캠퍼스 활동에도 참여했고 발언 기회가 있으면 스스로를 다그쳐가면서 무대에 올라 발언을 했다. 그렇게 2년 정도가 지나고 나니 자신이 매우 적극적이고 자신감에 가득 찬 사람으로 변한 것 같다는 생각이 들었다고 한다. 친구들은 모두 그를 매우 외향적인 사람이라고 생각했다. 그가 원래 내향적인 성격이라는 걸 아는 사람은 거의 없었다.

나는 그의 노력에 감탄하며 박수를 보냈다. 그런데 그런 그가 나에게 이런 고백을 털어놓은 것이다. 그는 가끔 깊은 불안감에 빠진다고 했다. 매일 실적을 올리기 위해 아주 적극적으로 행동하지만 그게 나 자신이 아닌 어떤 역할을 '흉내' 낼 뿐이라는 생각이 들어 우울하고 마음이 힘들다는 것이다.

그 친구의 고백을 들으면서 나는 나의 예전 경험과 내가 만났던 수많은 친구, 동료의 경험이 떠올랐고 이것이 비단 한 개인의 경험이 아니라는 사실을 발견했다. 처음에는 아직 습관이 되지 않은 것일 뿐, 더 오랫동안 연습하면 익숙해질 수 있으리라 생각했다. 그러나 불안한 정서가 오랜 시간 지속되는 걸 보면서 단순한 외부적 문제가 아니라는 걸 알게 되었다. 내면에 존재하는 '진정한 나'와 강제적인 분리를 겪으면서 나타나는 불안이었다.

변화는 그냥 오지 않는다

구체적인 기능이나 훈련의 각도에서 보자면 내향적인 사람이든 외향적인 사람이든 모두 변화의 여지는 있다. 하지만 직장 생활이나 공개적인 연설 등의 특정 영역에서는 확실히 내향적인 사람들이 더 많이 긴장한다. 그러므로 내향적인 사람들이 이러한 영역에서 성과를 보이려면 '내면에서 우러나오는' 자신의 진가를 확실히 발휘해야 한다. 다시 말해 해당 영역에서 보여줄 수 있는 상대적인 우위나 장점을 찾아내고 이러한 부분적 장점을 토대로 자신을 조금씩 다듬고 변화시켜야 한다.

내 얘기를 예로 들어보겠다. 사람들과 소통하고 교류하는 데는 문제가 없었지만 나 역시 예전에는 매우 내향적인 면이 있었다. 가장 큰 특징은 사람이 많은 장소에서 말을 할 때 크게 긴장하는 것이었다. 나는 항상 혹시라도 실수를 하면 어쩌나 하는 걱정에 휩싸여 말을 더듬거나 단어를 잊어버렸고 얼굴이 쉽게 빨개지거나 심장 박동이 빨라졌다. 나는 어떤 걱정이 생기면 습관적으로 나 자신의 능력을 의심했다. 이는 마치 일종의 전염병과도 같아서 의심의 영역이 점점 커졌고 결국 내 삶의 반경은 협소해졌다.

대학 졸업 후 미디어 업계에 종사하게 되었다. 인터뷰 경험과 글쓰기 경험이 계속 쌓이면서 내향적인 성격이 조금씩 바뀌기 시작했고 다른 사람과의 교제 방식에도 변화가 생겼다. 그러던 어느 날 한 사립대학교에서 신문방송학과 주말 겸임교수 임용을 제안받았다. 며칠을 고민한 끝에 제안을 받아들였는데 그날부터 며칠 동안 악몽이 이어졌다. 꿈속에서 나는 학생이 가득한 교실 강단에 서서 연달아 실수를 반복하며 수업을 망쳤다. 편안한 분위기와 재미있는 상호작용, 창문 밖을 바라보며 긴장을 푸는 모습 등 여러 상상을 해보았지만 사실상 그 어떤 것도 내 상태를 바꾸는 데 도움이 되진 못했다.

어쨌든 충분히 수업 준비를 한 뒤 강의 당일 예정된 시간보다 일찍 도착했다. 그런데 강단에 오르자 오히려 자신감이 생겼다. 나는 내가 강의할 내용을 충분히 숙지하고 있던 상태였다. 재미있는 건 그날 수업에 온 수강생이 열몇 명밖에 되지 않았다는 것이다. 수백 명의 눈이 뚫어져라 나만 쳐다보던 상상과는 차이가 너무 컸다. 하지만 그 열몇 명의 학생들과 한 학기 동안 수업을 하면서 사람들 앞에서 편안하게 말하는 법을 알게 되었고 좋은 경험을 쌓을 수 있었다. 비록 비슷한 상황이 올 때마다 매번 긴장을 하긴 했지만 예전처럼 '쓸데없는' 생각을 미리 하는 일은 없어졌다.

엄청난 성공담은 아니지만 그래도 이 이야기를 꺼낸 이유는 여기에 내향적인 성격의 변화에 관한 기본 원칙이 담겨 있기 때문이다.

변화는 아무런 근거 없이 오는 게 아니다. 효과적으로 변화하기 위해서는 '내면의 힘'을 이용할 수 있어야 한다. 이를 위해서는 두 가지가 뒷받침되어야 한다.

첫째, 성공적인 경험이 계속 쌓여야 한다. 그러면 생각이 바뀌고 자신감이 생긴다. 둘째, 두려움을 느끼는 영역에서 자신만의 장점을 발휘할 수 있어야 한다.

예를 들어 나는 책이나 학술 문장에서 보았던 지식, 혹은 사회생활을 하며 겪었던 사례를 나의 실생활과 연관시키는 시도를 끊임없이 한다. 그리고 내 인생에 어떤 의미와 교훈을 주는지 생각하고 그것을 사람들과 공유한다. 이러한 노력을 통해 강연에 대한 공포를 조금씩 극복할 수 있었다.

02

내향인의 특성 파헤치기

내향적인 사람들의
속사정

내면에서 활동할 에너지를 얻기 때문에 외부 세계보다
자기 자신의 마음이나 생각에 더 집중한다.

아이젱크 성격검사*에서는 내향적 성격을 다음과 같이 묘사한다.
'조용하며 무리에 잘 섞이지 않고 자기반성을 잘하며 사람을 만나
는 것보다 혼자 있는 걸 좋아한다. 보수적이고 타인과 일정한 거리
를 유지한다(절친한 친구 제외). 어떤 일을 하기 전 계획을 세우길 좋
아하며 앞으로 일어날 일을 예측, 분석하고 충동적으로 행동하지 않
는다. 매우 규칙적인 생활을 하며 그 규칙을 엄격히 준수한다. 이론
과 관념을 따르고 일 처리가 정확하다. 공격적인 행동을 잘 하지 않
으며 다소 비관적이다. 근심과 긴장을 잘 느끼며 쉽게 화를 내고 우

---

* 영국의 심리학자 한스 아이젱크Hans Jurgen Eysenck가 제작한 성격적 요인의 특징을 측정하는 검사로
〈아이젱크 인격 조사표〉를 토대로 만들어졌다. 1940년대 말 제정되어 1952년 처음 발표되었고
1975년 정식 명명되었다.

울하다. 불면증을 겪는다. 단, 구체적인 증상은 교육 수준이나 개인의 경험, 생활환경 등 다양한 요소와 연관 있다.'

내향적 성격의 네 가지 유형

내향적인 사람들은 혼자 있는 것만 즐기는 것 같지만 사실 그들도 일정한 사교 능력을 지녔다. 다만 특정인과 교제하거나 특정한 유형의 사람들과 사귀는 걸 좋아한다. 사람이 많이 모인 사교 장소에서 단체로 나누는 한담이나 수다는 그들의 에너지를 소진한다. 보통 일대일의 교제를 좋아하며 단체 활동의 경우 마음에 큰 부담을 느껴 충분한 에너지를 발휘하지 못한다. 내향적인 사람의 심리 상태에 관한 일반적인 오해는 어떤 것들이 있는지 살펴보자.

사회적 불안

우리 사회에는 넓은 범위의 심리적, 정신적 불안이 존재한다. 이는 쉽게 없어지는 현상이 아니며 단순한 심리적 안정을 통해서는 사라지지 않는다.

사람들이 불안을 느끼는 대상은 각기 다를 수 있으나 그 성질이나 내용은 동일하다. 예를 들어 가난한 사람은 생존이 보장받지 못할까 봐 불안해하지만 부자는 재산이 충분히 보장받지 못할까 봐 불안해한다. 이 둘을 완전히 동등하게 볼 수는 없으나 '보장'에 대한 불안은 동일하게 존재하는 셈이다.[1]

이러한 사회적 배경 속에서 단체에 속해 있는 개인은 강렬한 사회 정서의 영향을 받아 공포반응을 보일 수 있다. 학교나 직장, 심지어 가정에서조차 이러한 감정을 느낄 수 있는 것이다. 이런 상황에서는 설령 일대일로 교제를 해도 긴장감과 모종의 불편함을 느낄 수 있다. 이는 대인 관계에 대한 보편적 불안으로 내향적 성격과 큰 관련이 없다.

신경과민

성격과 관련한 신경과민은 병적인 증상을 말하는 게 아니라 심리적인 과민을 지칭한다. 일부 내향적인 사람들은 생각이 영민하며 관찰력과 직감이 매우 뛰어나다. 이들은 정상적인 교제 활동을 피하며 모든 대인 관계에 불편함을 느낀다. 눈빛 하나, 말 한마디가 모두 그들의 연약한 신경을 건드릴 수 있기 때문이다. 하지만 이러한 반응은 비단 내향적인 성격에만 국한되는 것이 아니다. 외향적인 사람들 중에도 신경과민을 겪는 경우가 있다.

정신 분열

엄밀히 말하자면 이는 전형적인 정신 질병에 해당하며 일련의 임상 시험에서 볼 수 있는 종합적 특징을 모두 나타낸다. 게다가 사람마다 자란 배경이나 겪은 사건이 다르기 때문에 드러나는 상황 역시 모두 달라서 매우 복잡한 정신 질병으로 분류된다. 이 증상을 보이는 사람은 다른 사람과 관계를 맺고 싶어 하는 마음은 있지만 외부와 너무 가까이 접촉하는 것을 두려워한다. 대부분의 상황에서 그들은 세상을 등지고 타인과의 접촉을 차단함으로써 어떤 상처도 받지 않으려는 모습을 보인다.

그 밖에도 사람들은 외향적인 성격이 아니면 분명 내향적인 사람일 거라는 흑백논리에 자주 빠진다. 사람의 정신 및 심리적 특징은 한두 가지로 정리할 수 없는 아주 복잡한 것인데 말이다.

내향적인 성격 안에서도 사람마다 각기 드러나는 특징은 다르며 여러 종류로 나눌 수 있다. 일반적으로 심리학에서 내향적인 성격은 다음의 네 가지 유형으로 분류된다.

사교형

이 유형의 사람은 대인 관계를 거부하지 않는다. 다만 두세 사람, 혹은 다섯 명 이하의 소규모 집단에서 어울리길 좋아하며 만나는 사람의 유형이나 범위 역시 일반인과는 조금 다른 걸 추구한다. 흔히 말하는 것처럼 '양보다 질'을 따지는 스타일이다.

근심형

비교적 복잡한 유형이다. 이런 종류의 내향적 성격은 부족한 자신감이나 강렬한 자의식과 종종 깊은 관련이 있다. 이런 사람들은 걱정에 쉽게 빠지는데 특히 사람이 비교적 많이 모인 장소에 가면 모든 관심이 자기에게 쏠린다고 생각해 매우 긴장하며 다른 사람의 눈에 자신이 어떻게 비칠지를 걱정한다.

자제형

이 유형의 사람은 매사에 원리 원칙을 따지며 무슨 일을 하든지 사전에 충분한 준비를 거친다. 말을 하기 전에는 꼭 마음속으로 먼저 생각해보고 업무를 할 때도 반드시 미리 계획한다. 그래서 겉으로는 외향적 성격의 사람들과 아주 유사해 보이지만 특정 상황이 오면 차이점이 분명히 드러난다. 예를 들어 어떤 행사에 참여했을 때 외향적인 성격의 사람들은 별다른 생각 없이 적극적으로 임하지만, 이 유형의 사람들은 수많은 세부사항을 꼼꼼하게 따져보고 충분한 준비를 한 뒤에 행사에 임한다.

사색형

다른 사람들의 눈에 이들은 생각이 많은 사람으로 비친다. 자신의 생각이나 감정에 비교적 보수적이며 다른 사람과 의견을 나누는 걸 좋아하지 않는다. 심지어 자신만의 세계에 빠져 지내는 걸 좋아한다. 이러한 특징은 흔히 말하는 침착함과 비슷해 보이지만 이 또한 내향적 성격의 한 모습에 해당한다.

내향적인 사람들은 이 중 하나에 해당할 수도 있고 몇 가지 유형이 합쳐진 복합적인 유형에 해당할 수도 있다.

내향적인 성격은 왜 생길까?

성격이 내향적인 사람의 경우 내면에서 활동할 에너지를 얻기 때문에 외부 세계보다 자기 자신의 마음이나 생각에 더 집중한다. 그들은 외부의 자극이 지나치게 많아지면 정보가 유입되는 통로를 즉시 차단하고 외부의 경험과 자신의 경험을 대조하기 시작한다. 그리고 이미 알고 있는 정보를 기반으로 새로운 정보를 받아들이고 이해한다.

마침내 어떤 성격의 사람이 되느냐는 환경의 영향을 받기 마련이다. 일반적으로 내향적인 성격을 형성하는 배경에는 다음과 같은 요인이 있다.

• 천성적으로 성격이 내향적인 경우

• 민감하고 예민한 생각을 지닌 경우 : 사람을 만나면 긴장감이나 공포심을 느낀다. 특히 청소년 시기나 이성을 만났을 때 상대의 생각이나 평가를 지나치게 의식하기 때문에 부자연스러운 행동을 하게 되고 마음이 불안하다.

• 보수적인 가정환경의 영향 : 많은 경우 내향적인 성격은 가정환경과 연관이 깊다. 예를 들어 전통적인 사상을 지녔거나 아주 엄격

한 부모는 어릴 때부터 자녀에게 규율을 철저하게 지켜야 하고 반드시 부모의 뜻을 따라야 한다고 가르치며 상당 부분 자주성을 제한한다. 그리고 자녀와 일정한 거리를 유지한다. 이런 교육 방식 때문에 아이들은 이 시기에 마땅히 지녀야 할 천진함과 활발함을 잃어버린 채 자신의 마음을 잘 표현하지 않고 침묵하는 인격을 형성하게 된다.

물론 부모와 자녀 사이에는 서열이 있어야 하지만 전통적인 봉건 가정에서처럼 높고 낮음에 따라 자녀가 부모의 명령에 무조건 복종해야만 하는 건 아니다. 부모는 사랑과 헌신을 통해 자녀가 행복을 느끼게 해주어야 한다. 일부 부모는 지나치게 자녀의 삶을 간섭하며 친구도 사귀지 못하게 하고 교내 활동 외의 다른 행사에는 절대로 참석하지 못하게 한다. 그런 활동이 자녀의 학업에 영향을 준다고 생각하기 때문이다.

어릴 때부터 다른 이들과 충분히 소통하지 못하고 성장 공간이 지나치게 제한된 아이들은 대인 관계와 관련한 소통의 기술이 부족한 채로 자라난다.

• 개인의 경험 : 일부 내향적인 성격은 일상생활이나 환경과의 상호작용을 통해 형성된다. 어떤 환경에서 어떤 언어를 사용하며 살아왔는가 하는 것인데, 가정이나 학교, 직장 등의 환경이 그 대표적인 예다. 한 사람이 살아온 환경은 성격 형성의 조건이 된다.

조용하고 신중하다

가끔 외향적인 사람이 내향적인 사람을 보고 불편함을 느끼는 이유는 뭘까? 그 이유는 이따금 내향적인 사람 자신조차 자기가 왜 그렇게 행동을 하는지, 그 행동이 무슨 뜻인지 모르는 때가 있기 때문이다. 그들은 정신적으로 매우 힘들게 느껴지는 날에도 겉으로 활발하게 행동할 때가 있는가 하면, 어떤 날은 사람들과 어울려 이야기를 잘 나누다가도 또 어떤 날은 한마디도 하지 않기도 한다.

내향적인 사람들이 보이는 특징을 최종적으로 정리해보면 다음과 같다.

• 에너지를 내면세계에 저장하기 때문에 남에게 잘 이해받지 못한다.

• 사색에 잘 잠긴다.

• 말하기 전에 한참을 망설인다.

• 사람이 붐비는 곳은 피하고 조용한 곳을 찾는다.

• 다른 사람이 뭘 하는지 별로 신경 쓰지 않는다.

• 다른 사람과의 교제에 매우 신중하며 일부 활동에만 선택적으로 참석한다.

• 자신의 의견을 함부로 얘기하지 않으며 누군가가 물어보면 그제야 얘기한다.

• 혼자 있는 시간이 부족하거나 생각할 시간이 적으면 불안감을

느낀다.

- 조심스럽게 생각하고 신중하게 행동한다.
- 표정이나 반응을 많이 드러내지 않는다.

삶에서 나타나는
특징들

성격은 단순히 내향적 혹은 외향적으로만 구분 지을 수 있는 게
아니라 각자가 속한 사회 환경에 따라 다른 모습으로 나타난다.

사실상 현대 사회의 많은 직업은 외향적인 성격을 요구한다. 그렇다
면 내향적인 사람은 그에 맞추어 반드시 자신을 변화시켜야 하는 걸까?

이 사회에 더 잘 적응하기 위해 어떤 부분을 그대로 유지하고 어
떤 부분을 개선해야 하는가에 관한 문제는 내향적인 사람들이 갖고
있는 보편적 고민이다. 그리고 그들 중 대다수가 사회 규범이라는
틀에 맞춰 자기 성격을 억지로 외향적으로 바꾸려 노력하는 것이 지
금의 현실이기도 하다. 하지만 많은 경우 그들은 자신의 내향적인
모습을 훨씬 좋아한다.

성격은 다면적 특징을 갖는다
수전 케인은 내향적인 사람은 자기중심적이 아니라 오히려 그 반

대라고 주장했다. 그녀의 말에 따르면 외향적인 사람은 내향적인 사람처럼 내면에 많은 에너지를 지니고 있지 않아서 외부 세계에서 자극을 찾고 에너지를 얻는다. 반면 내향적인 사람들은 대화나 사회 활동에 참여하는 등의 방식으로는 힘을 얻지 않는데, 이것이 외향적인 사람들에게는 이따금 도전과 위협으로 다가오기도 한다.

전통적인 인격 심리학은 외향적인 성격과 내향적인 성격을 명확히 구분하지만 사실 이러한 논리가 완벽한 것은 아니다. 왜냐하면 현대 사회에서는 저마다의 개성이 매우 복잡하고 다양하기 때문이다. 온전하고 자유로운 개인을 표현하기 위해서는 굳건한 개성이 뒷받침되어야 하는데, 사회 환경에 잘 적응해서 살아가려면 개인의 성장과 발전에 따라 융통성 있게 그 개성을 조정할 수 있어야 한다.

이렇듯 복잡하고 미묘한 심리 상태의 영향으로 오늘날 사람들의 개성은 각기 다르게 나타날 수밖에 없다. 또 이러한 개성의 영향으로 사람의 성격은 단순히 내향적 혹은 외향적으로만 나타나지 않고 각자가 속한 사회 환경에 따라 다른 모습으로 나타난다.

그러나 일부 심리학자들은 이런 미묘한 부분을 쉽게 간과한다. 몇몇 대표적인 유형의 성격검사도 겉으로 드러나는 모습 이외의 요소, 예를 들어 동기나 내면의 욕구 등에는 큰 관심을 기울이지 않는다. 물론 겉으로 보이는 특징에 따라 성격을 나눈다면 내향 혹은 외향으로 구분할 수 있겠지만, 동기나 사회적 자아 등의 요소에 따라 나눈다면 무리에 어울리기 좋아하는 성격과 그렇지 않은 성격으로도 구분할 수 있다.

만일 한 사람의 행위 동기가 그의 개성적 특징과 부합한다면 그 사람은 심리적 갈등을 겪지 않을 것이다. 그런데 무리에 섞이기 좋아하고 친구들과 함께 있고 싶어 하지만 개성적 특징이 내향적이라면, 다시 말해 혼자 있는 걸 즐긴다면, 심리적으로 충돌이 일어나기 마련이다. 이런 경우에는 재미있는 인격이 형성될 수밖에 없다.

나는 영업 관련 업계에서 이러한 사람들을 많이 보았다. 그들은 대인 관계에 매우 능하지만 그렇다고 해서 자신의 기질과 특징을 자유자재로 조절하진 못한다. 결국 내향적 성격과 외향적 성격은 모두 매우 다양하고 복잡한 모습으로 나타날 수밖에 없는 것이다. 예를 들어 실제로는 내향적인 성격을 지녔더라도 겉으로는 외향적인 성격처럼 보일 수 있다. 이런 경우 그 사람의 세세한 감정과 마음 상태를 알려면 행위가 아닌 내면세계를 들여다보아야 한다.

관계에 임하는 방식

내향적인 사람들은 대화할 때 어떤 특징이 있는지 살펴보자.

첫째, 대화 중에도 생각에 빠진다. 외향적인 사람들은 대화와 생각이 동시에 진행되는 편이다. 그들은 아무리 많은 사람과 대화를 나눈다고 해도 문제를 생각하면서 말을 할 수 있기 때문에 대인 관계에서 확실한 우위를 보인다. 그런데 내향적인 사람들은 마음속에 어떤 생각이 떠오르면 대화를 나누는 도중에도 그것에 깊이 빠져든다. 그들에게는 대화 중인 화제를 곱씹고 생각할 시간이 어느 정도 필요하다. 정말 익숙한 화제가 아니고서야 그들은 먼저 나서서 주도적으로 말하지 않는다. 일반적으로 내향적인 사람들은 대화를 나눌 때 매우 신중하고 소극적이며 수동적인 태도를 보인다. 그래서 일부 외향적인 사람들이 내향적인 사람들에게 거리감을 느끼거나 그들이 자신을 신뢰하지 않는다는 오해를 하기도 한다. 외향적인 사람들은 일반적으로 마음에 있는 말을 직접적으로 하는 편이어서 말수가 적거나 할 말을 마음에 담아두는 사람들과는 친한 관계를 유지하지 않기 때문이다. 그들은 말하기를 주저하거나 심지어 가끔 말을 더듬는 내향적인 사람들을 보면 답답함을 느낀다. '왜 직접 말하지 않는 거지?', '왜 자기 생각에 자신이 없는 거야?', '혹시 뭘 숨기나?'라는 생각을 하기도 하고 일부러 어떤 정보나 생각을 숨기려는 건 아닌가 하는 의심을 하기도 한다.

둘째, 적극적으로 의사표현을 하지 않는다. 내향적인 사람들은 반응이나 말이 느린 편이다. 언뜻 집중하지 않는 것처럼 보이기도 하는데, 이런 태도 때문에 대화를 나누는 상대는 불쾌감을 느낄 수 있다. 적극적으로 가치 있는 정보를 제공하지 않는 것 같기 때문이다. 그런데 내향적인 사람들이 그렇게 하는 이유는 다른 사람을 방해하고 싶어 하지 않기 때문이다. 그들은 대화를 나눌 때 설령 상대의 생각과 자기 생각이 다르더라도 최대한 상대의 의견을 존중하려고 한다. 그래서 자기 생각을 완곡하게 표현하거나 강조하지 않는 편이다. 생각에 생각을 거쳐 진짜 자기 의견을 표현할 때도 있는데 보통 그럴 때는 아주 심오한 이치를 얘기하거나 독특한 견해를 펼친다.

셋째, 심사숙고 끝에 자신의 생각을 이야기한다. 이에 대해 외향적인 사람들은 그들이 지나치게 신중하다고 생각한다. 하지만 내향적인 사람들의 이런 진중한 태도는 대인 관계나 직장생활에서 매우 중요한 덕목이다. 의견을 말하기 전에 깊은 생각을 거치면 하고 싶은 말을 더 조리 있게 정리할 수 있고 자신 있게 주장할 수 있다. 또 중대한 결정을 하기 전에 그에 따를 결과를 다각도로 예측하기 때문에 더 좋은 결정을 내릴 수 있다.

내향적인 사람과 외향적인 사람이 서로의 성격적 특징을 제대로 이해하지 못하면 서로 원망하고 미워하게 되어 공감대를 형성하기 어렵다. 반대로 서로의 장점을 취해 단점을 보완한다면 모두에게 좋은 관계를 만들 수 있다.

일상을 살아가는 모습

내향적인 사람들은 생각과 행동이 매우 예민하고 세심하다. 일상에서 어떤 특징적인 모습이 있는지 살펴보자.

새로운 사물에 빠른 반응을 보인다

일반적으로 주위에서 전화벨 소리가 울리면 예민한 내향적인 사람들의 뇌는 그 즉시 반응하기 시작한다. 다만 행동을 하기까지 다소 시간이 필요하다. 어느 정도 생각을 한 뒤 망설이다가 전화를 받는 식이다(외향적인 사람들은 반응은 조금 늦지만 행동은 바로 하는 편이다). 내향적인 사람들은 새로운 상황이 일어났을 때 거부감을 느낀다. 그와 반대로 외향적인 사람들은 변화하는 상황에 신속하게 대처한다.

쓸데없는 수다는 좋아하지 않는다

내향적인 사람들은 한담이나 수다를 별로 좋아하지 않는다. 충분히 관심받지 못한다고 여기거나, 상대가 좋아하는 화제와 자신이 좋아하는 화제가 다른 경우를 염려하기 때문이다. 하지만 수다를 피하는 진짜 이유는 아무런 목적 없이 나누는 대화가 자신과 상대 사이에 일종의 벽을 만든다고 느끼기 때문이다. 내향적인 사람들은 교제 자체를 싫어하는 게 아니라 진정한 방식의 교제를 선호하기 때문에 좀 더 의미 있고 깊이 있는 대화를 나누길 원한다.

모험하지 않는다

내향적인 사람들은 어떤 결정을 내릴 때 혹시라도 일어날지 모를 위험 요소를 자세히 분석하고 생각한다. 이는 그들의 대뇌 구조와도 깊은 연관이 있다. 심리학자들과 의학계의 연구 결과에 따르면 내향적인 사람들의 도파민 활성화 방식이 외향적인 사람들과는 다른 양상을 보이는 것으로 나타났다. 내향적인 사람들의 도파민 함량이 외향적인 사람들보다 적다는 뜻은 아니다. 함량은 같지만 내향적인 사람들은 상대적으로 대뇌에서 도파민이 생성되는 구역이 비교적 적은 것으로 밝혀졌다.

창의력이 풍부하다

혼자 일하기 좋아하는 내향적인 사람들은 그 덕분에 창의적인 것들을 더 많이 발견해낸다. 걸작을 탄생시킨 예술가나 작가 중에는 내향적인 사람이 많은데, 혼자서 창작활동을 하며 창의력을 발휘한 결과라고 볼 수 있을 것이다.

꾸며내지 못한다

내향적인 사람들에게 외향적인 사람인 척 '연기'를 하라고 하면 그들은 오래 견디지 못한다. 왜냐하면 '연기' 혹은 '흉내' 등은 그들의 심리적 에너지를 소진시켜 정신적으로 피폐하게 하기 때문이다. 이는 외향적인 사람으로 변화하라고 강요하는 이 사회가 주목해야 할 부분이기도 하다.

높은 차원의 목표를 지녔다

물질에 대한 욕심이 크지 않다. 심리학자들이 연구한 결과 내향적인 사람은 인생을 살면서 자기가 좋아하고 관심 있는 목표를 추구하는데 보통 그러한 목표는 예술 창작이나 과학 연구 같은 것으로 기본적인 물질생활보다는 한층 높은 차원의 것이었다. 즉 정신적 차원의 목표를 추구하며, 물질적인 삶에 대한 욕망은 일반적이다.

03

낡은 생각과 새로운 인식

내향성에 대한
잘못된 생각들

우리는 이제 내향적인 사람들을
새롭게 바라보아야 한다.

수전 케인은 《콰이어트》에서 다음과 같이 말한다. '사실 내향성은 외향성과 대비되는 일종의 성격적 특징에 불과하다. 결코 바꿔야 하거나 바꿀 수 있는 심리적 문제나 성격적 결함이 아니다.'[1]

내향적인 성격은 심사숙고를 잘하는 사상가에 가깝고 외향적인 성격은 적극적이고 과감한 행동가에 가깝다. 두 성격은 본질적으로 좋고 나쁨의 우열을 가릴 수 없으며 둘 중 어떤 성격도 절대적으로 완벽하지 않다. 하지만 왜 내향적인 사람들은 항상 다음과 같은 오해를 받으며 살아갈까?

오해 01 내향적인 사람은 대인 공포증이 있다?

앞에서 말한 것처럼 내향적인 성격을 일종의 '문제'로 인식하는 현상이 있는데, 대인 관계에 공포심을 지니고 있다거나 사교 능력이 부족하다는 생각 때문이다. 하지만 대부분의 경우 그렇지 않다. 대인 공포증이란 사교 활동에 참여할 때 공포나 근심, 긴장을 느끼는 걸 말한다. 대인 공포증을 겪는 사람은 외부의 평가, 특히 부정적인 평가를 지나치게 신경 쓴다. 그래서 혹시나 저지를지도 모를 실수에 공포를 느껴 미리 대인 관계를 차단한다. 그렇지만 내향적인 성격의 사람들은 사교 활동을 두려워하는 것은 아니다. 다만 공적인 행사에 참여하는 걸 별로 좋아하지 않는 모습을 보이는데, 타인과의 접촉을 갈망하기보다 혼자 있는 시간을 더 즐기기 때문이다.

오해 02 **내향적인 사람은 말주변이 없다?**

내향적인 사람이라고 해서 타인과 대화를 나누지 못하는 건 아니다. 그들은 단지 주제가 없는, 끝이 없는 한담을 싫어하고 중요하지 않은 수다를 피할 뿐이다. 하지만 사실 그들은 마음속에 엄청나게 많은 말을 담고 있기 때문에 흥미를 느끼는 화제가 나오거나 말이 통하는 친구를 만나면 끊임없이 이야기한다. 단체 모임에서는 소수의 몇 명과 교류하는 걸 좋아하며 내용이 충실하거나 깊이 있는 대화를 나누고 싶어 한다. 간단히 말하자면 내향적인 사람들은 말하는 행위 자체를 싫어한다기보다는 환경이나 조건 때문에 '할 수 없거나' '하기 싫어하는' 것이다.

오해 03 내향적인 사람은 늘 혼자 있고 싶어 한다?

사실 내향적인 사람은 우정을 매우 중시한다. 그들은 주변에 진정한 친구가 몇 명 없기 때문에 가장 친한 친구의 이름을 말하라고 하면 언제든 망설이지 않고 대답할 수 있다. 내향적인 사람과 진정한 친구가 된다는 건 그들의 내면세계와 생활권 안으로 깊이 들어가는 걸 의미한다. 한편 사색하기 좋아하는 내향적인 사람은 때로는 터무니없는 허튼 생각을 하기도 한다. 만일 그런 이야기를 나눌 만한 상대가 없거나 관심사를 공유할 만한 상대가 없다면 그들의 삶은 매우 고독하고 외로울 것이다. 사람은 자신을 잘 아는 평생의 친구가 있었으면 좋겠다는 생각을 하며 살아가는데 내향적인 사람은 더욱 그렇다.

오해 04 내향적인 사람은 괴팍하다?

내향적인 사람은 개인주의를 좋아하기 때문에 대다수 사람이 즐기는 생활 방식보다는 스스로 인정하고 가치 있게 여기는 생활 방식을 따른다. 또 사색을 즐기고 자아 성찰을 많이 하므로 겉으로는 사회나 무리에 잘 섞이지 않는 것처럼 보이기도 한다. 그들은 자신이 중요하다고 여기는 분야에서는 굳이 대중을 따르지 않으며 대다수 상황에서 자신의 생각과 주관을 지킨다. 이렇듯 신중하고 말수가 적기 때문에 '무리에 섞이지 않는 사람', '냉정한 사람'이라는 꼬리표가 잘 붙는다.

오해 05 **내향적인 사람과는 소통이 어렵다?**

내향적인 사람들은 겉치레에 불과한 말이나 에둘러 하는 말을 별로 좋아하지 않는다. 그들은 자신과 마찬가지로 다른 사람들도 진실하길 기대하지만, 안타깝게도 대부분의 상황은 그렇지 않다. 그래서 내향적인 사람들은 종종 일부 대인 관계나 사교활동에 스트레스를 받고 무리 속으로 들어가지 못한다. 그들이 소통의 문을 닫아버린 것은 아니다. 자신의 방식이 통하는 곳에서는 무척 활발하게 소통한다.

오해 06 **내향적인 사람은 리더를 할 수 없다?**

사실 세계 각 영역에는 내향적인 성격의 리더들이 많이 있다. 내향적인 사람들이야말로 분석과 의사결정에 능하기 때문에 리더에 적합한 사람들이다. 또 리더의 자리에 있는 사람은 다른 이의 의견을 잘 들어야 하는데 내향적인 사람은 다른 이들이 간과하기 쉬운 세부적인 부분을 잘 듣고 관찰할 수 있다. 그들은 정보를 수집하고 팀원들을 독려하는 데 뛰어나며 팀의 비전을 잘 그려내고 신중한 의사결정을 내린다. 특히 외향적인 성격의 팀원을 다룰 때 자신만의 방법으로 잘 관리한다.

오해 07 **내향적인 사람은 즐길 줄 모른다?**

내향적인 사람은 익숙한 환경에서는 매우 편안한 모습을 보이지만 공공장소에서는 어색하고 딱딱한 모습을 보인다. 시끄러운 환경이나 자극적인 경험을 좋아하지 않기 때문이다. 만일 주변이 지나치게 시끄럽다면 그들은 그 자리를 떠나버린다. 대뇌의 도파민이라는 신경 전달 물질이 매우 예민하게 반응하기 때문이다.

오해 08 내향적인 사람은 감정이 풍부하지 않다?

내향적인 사람의 말과 행동은 과장되지 않고 진실하다. 그들은 세심한 방법으로 감정을 처리하거나 표정을 드러내는 등 감정 통제에 능하다. 내향적인 사람 중 연예계 종사자가 절제된 방식으로 유머를 구사하는 것을 생각해보면 이해가 쉽다.

오해 09 내향적인 사람은 성공하지 못한다?

이 세상의 대다수 사람은 내향적이며, 전문성을 지닌 인재 중 많은 이들이 내향적 사람들이다. 과학자, 음악가, 예술가, 시인, 감독, 의사, 수학자, 작가, 철학자 등이 이에 해당한다. 내향적인 사람은 성공을 거둘 수 있는 자신만의 길이 있다.

성공한 기업가이자 소후닷컴의 CEO인 장차오양張朝陽은 예전에 한 매체와의 인터뷰에서 자신을 이렇게 평가했다. "저는 비교적 말수가 적은 사람입니다. 매우 내향적이죠. 말수가 적은 이유는 진실을 추구하기 때문이에요. 진실에 대한 추구는 사람에 대한 관심, 내면

세계에 관한 탐구에서 시작되었습니다. 물리학을 공부한 것과도 연관이 있고요. 물리학 연구는 늘 사물의 근본적인 원인을 탐구하는 데 집중합니다. 세상의 모든 일이 도대체 왜, 무슨 이유로 발생하는지를 탐구하는 거죠." 내향적이면서 총명한 장차오양에게는 내향적인 사람의 힘이 느껴진다.

조금 더 나아가 분석해보면 장차오양은 MBTI 성격 유형에서 INTP(학자형, 엔지니어형), 즉 내향적이며 사고에 능한 유형이다. 즉 논리적 사고를 매우 중시하며 그것을 곱씹어보면서 흥미와 재미를 느낀다. 이 유형의 사람들은 비교적 철학적인 사람들로 전체 유형의 약 2.5퍼센트만을 차지한다. 장차오양은 각종 불가능에 도전하는 걸 즐긴다. 다른 사람이 보기엔 매우 외향적인 듯 보여도 사실은 그렇지 않다.[2]

우리는 이제 내향적인 사람들을 새롭게 바라보아야 한다. 주변의 내향적인 사람들에게 변화를 요구하며 억압해서는 안 되며, 자신이 내향적인 사람이라면 그 성격 때문에 너무 긴장하거나 불안해할 필요도 없다. 내향적인 성격의 특징을 충분히 이해하고 장점을 흡수한다면 더욱 멋진 인생을 가꾸어 나갈 수 있을 것이다.

성공의 자질을
충분히 갖추다

이 세상에는 내향적인 사람들만이
해낼 수 있는 일이 분명 존재한다.

사람들은 사회의 각 영역에서 성공한 유명 인사들을 부러워한다. 그들은 말솜씨가 뛰어나고 대중 앞에서 자기 생각을 마음껏 표현한다. 대다수 사람들은 그들이 모두 매우 외향적인 사람이라고 생각하고, 그래서 외향적인 사람이 내향적인 사람보다 훨씬 쉽게 성공하는 것처럼 여긴다.

이런 논리로 생각해본다면 내향적인 사람들은 정말 성공을 거두기 힘든 걸까? 앞에서도 이야기했지만 그렇지 않다. 성격에 담긴 귀한 품성을 충분히 발휘한다면 그들 역시 어디서든 빛을 발하고 성공할 수 있다. 한 사람의 장점과 성공 여부를 판단할 때는 성격이 아니라 창의력 혹은 통찰력 등이 그 근거가 된다. 내향적인 사람들은 뛰어난 창의력과 통찰력을 지녔다.

내향적인 사람들은 자신이 주변 환경에 적응하는 능력이 부족해서 도태하는 건 아닌지 속으로 걱정한다. 일자리를 찾거나 사업을 확장하는 등 많은 상황에서는 확실히 외향적인 사람들이 더 환영받는 건 사실이다. 하지만 그렇다고 해서 모든 사람이 뛰어난 인재가 되어야 하며 그래야 사회 발전에 기여할 수 있는 건 아니다. 이 세상에는 아주 다양한 업계가 존재하고 거기에는 각양각색의 성격과 스타일, 서로 다른 유형의 인재가 필요하다. 단지 현대 사회가 살아남으려면 실적을 내야 하고 빨리 적응해야 하며 자신을 잘 표현해야 기회를 잡을 수 있다는 강박에 사로잡혀 있을 뿐이다. 이러한 잘못된 가치관 탓에 사람들은 진정 깊이 있고 만족할 만한 성과는 남의 것을 빼앗는 방식으로 완수하는 게 아니라는 중요한 사실을 간과하게 되었다.

현대 사회는 사람들에게 경쟁을 통해서 자신을 표현해야 하며 다른 사람보다 한발 앞서서 승리를 쟁취해야 한다고 가르친다. 그로 인해 부정적인 결과를 초래해도 사람들은 그것을 안타까워하지 않는다. 이렇게 경쟁을 강조하는 사회에서 사람들은 전쟁터에서 홀로 외롭게 싸우는 군사가 되었고 주변의 모든 사람은 적군이 되었다.

철학적인 의미에서 해석하자면 현대인의 고독감은 사르트르, 카뮈와 같은 실존주의 철학자들이 주장한 것처럼 '타인은 지옥이다'*

---

* 프랑스 실존주의 철학자이자 문학가 장 폴 사르트르가 1945년에 발표한 희극 〈닫힌 방〉에 나온 개념이다. 사람과 사람 사이에 피할 수 없는 갈등과 충돌을 묘사한다.

라는 생각에서 비롯된 것이다. 즉 타인은 생존을 쟁취하는 과정에서 모두 원수가 된다는 개념이다. 각종 자원과 이익을 쟁취하는 경쟁 속에서 온갖 수단을 활용한 사람은 성공을 거두고 그렇지 못하면 실패자라는 낙인이 찍힌다. 그런데 실제로 이런 것들이 대체 무슨 의미가 있을까? 사회는 쟁취를 기본적인 목적으로 삼고 그것을 능력으로 간주한다. 하지만 이러한 생각이 오히려 우리의 성장과 발전을 방해한다.

사실 내향적인 성격의 가장 큰 특징 중 하나는 자아 성찰이다. 내향적인 사람들은 일종의 훌륭한 기질을 지녔는데, 바로 깊이 있게 생각하고 인지하는 능력이다. 또 내향적인 사람들은 감정 표현에 있어 비교적 겸손한 편인데, 이러한 점은 인간관계에 존재하는 대립과 충돌을 완화하고 해소하는 역할을 한다.

내향적인 사람은 자신의 내면을 깊이 통찰하며 외부의 사건과 인물을 세밀하게 관찰하고 느낀다. 내향적인 사람들은 외부와의 접촉에 너무 소극적이라는 생각들이 있지만, 조금 다르게 생각하면 방관자의 눈으로 주변 사물을 인식하고 분석하는 장점을 지닌 것으로 볼 수도 있다.

이 세상은 매우 다원화되어 있기 때문에 내향적인 사람들만이 해낼 수 있는 일도 분명히 존재한다. 그들에게 더 맞춤화된 일이 있을 수밖에 없는 것이다. 그러므로 가식적으로 외향적인 사람인 척 흉내 내기보다는 민감하고 세심한 장점을 잘 발휘해 자신에게 맞는 분야에 집중하는 것이 훨씬 낫다. 중국에는 '울지 않을 뿐, 한번 울면 사람을 놀라게 한다'라는 성어가 있다. 이 이야기에 등장하는 주인공들은 모두 평소 말이 없고 자신을 잘 표현하지 않지만 심사숙고하여 오랜 시간 쌓아올린 지식을 멋지게 발휘한다.

20세기 실존주의 문학의 선구자 프란츠 카프카도 그런 인물이었다. 프라하의 가난한 유대인 집안에서 태어난 그는 어린 시절 매우 내성적이고 유약했다. 요즘 말로 하면 남성미라고는 하나도 느껴지지 않는 사람이었다. 그는 아주 예민하고 걱정이 많아서 주변 환경에 항상 압박감과 위협을 느꼈다.

그런 성향은 성장 환경과 큰 연관이 있었다. 카프카의 아버지는 아들에게 아주 무섭고 엄한 사람이었다. 그는 어떻게 해서든지 아들을 용감하고 강인한 남자로 키워내고 싶었다. 하지만 아버지의 이러한 교육 방식은 카프카를 바꿔놓기보다 오히려 더 연약하고 자책하는 사람으로 만들었다. 결국 카프카는 자신감을 완전히 상실했고 일상의 아주 작은 일과 소리에도 겁을 먹었다. 가족들이 모여 앉아 이야기를 하는 소리나 고양이나 강아지 울음 소리조차 그에게는 재난과 다름없었다. 그는 깊은 우울 속에서 성장하면서 하루 종일 다른 사람의 안색과 말투를 신경 쓰며 눈치를 보았고 혼자 구석에 숨어 조용히 자신이 받은 상처를 곱씹었다.

현대 심리학의 관점으로 보자면 카프카는 이미 일반적인 내향성을 뛰어넘어 병적인 단계에 들어선 것이었다. 그의 인생은 비관으로 점철되어 있었고 설령 그 성격을 바꾸고 싶다고 해도 절대 바꿀 수 없는 상태였다. 그러나 우리가 알고 있는 것처럼 훗날 그는 20세기의 위대한 문학가로 성장한다. 대체 그는 어떻게 성공할 수 있었을까? 그의 성격이 성공에 어떤 영향을 끼쳤을까?

심각한 내향적 성격과 유약함, 근심 등은 그가 문학작품을 창작할 때 오히려 개성을 마음껏 발휘할 수 있도록 도와주었다. 자신이 만들어낸 예술 왕국과 정신적 안식처 속에서 그의 유약함과 비관적 사상, 소극적인 성격 등은 세상과 인생, 사람의 일상과 운명을 더욱 냉철하고 예리하게 바라보게 했다. 그는 삶에서 느낀 억압과 답답함을 소재로 왜곡된 생각과 변형된 인격 등을 신랄하게 표현해냈다. 그 결과《변신》,《성》,《심판》등과 같은 걸작을 써내려갔고 이로써 20세기 실존주의 문학에 중요한 초석을 닦았다.

카프카의 이야기가 너무 이상하게 생각되어 마음에 잘 다가오지 않는다면, 이번에는 미국 역사상 가장 유명한 대통령 링컨의 이야기를 살펴보자. 켄터키주의 한 가난한 집안에서 출생한 링컨은 어릴 적 수줍음을 많이 타고 말이 없는 학생이었다. 어머니가 세상을 떠난 후 링컨은 조금씩 성숙해졌지만 성격만은 여전히 내향적이었고 얼굴에는 항상 우울함이 깃들어 있었다. 후에 변호사 일을 시작한 뒤 각 방면의 사람들을 두루 만나게 되면서 확실히 성격에 변화가 일어나기 시작했다. 미국 대통령이 된 이후 그는 일부러 미국식 유머를 익히고 공부했고 모두가 알다시피 연설의 대가가 되었다.

링컨은 직업적 특성 때문에 자신의 부족함을 메워야만 했다. 그는 '셀프 디스'와 당시 유행하는 '시쳇말' 등을 배워 유머러스한 방식으로 긴장을 풀었고 청중들에게 편안하고 즐거운 분위기를 선사했다. 그가 어린 시절에는 많은 문제와 모순을 발견하고 커서는 정치 분야에 종사하여 사회 변혁을 끌어낼 수 있었던 중요한 이유는, 모두 자기반성과 깊은 성찰에 능한 내향적 성격이 작용했기 때문이었다.

내향적 성격은 당신이 속한 분야에서 더 큰 힘을 발휘하도록 돕는 기폭제가 될 것이다. 내향적인 성격을 잘 활용하면 누구라도 큰 성공을 거둘 수 있다.

놀랄 만한 특징들

_____

내향적인 사람과 친구과 되었다면 정말 중요할 때
그에게 진정한 도움을 받을 수 있다.

내향적인 성격은 사람들이 좋아할 만한, 또 충분히 발휘할 만한 특징 및 장점을 많이 지녔다. 종합해보자면 다음과 같다.

• 경청과 공감의 아이콘

내향적인 사람은 다른 사람의 이야기에 경청과 공감을 잘하고 그 사람의 입장에서 생각하고 배려할 줄 안다. 당신에게 슬픈 일이 생겼을 때 외향적인 친구는 이런저런 이야기를 들려주면서 어떻게든 그 슬픔을 몰아내려고 하겠지만, 그렇게 하는 것이 진정으로 문제를 해결해줄 수는 없다. 하지만 내향적인 친구는 당신의 이야기를 잘 들어주고 슬픔을 함께 나누며 같이 생각하면서 건설적인 의견을 제시해 당신이 그 난관을 극복할 수 있게 도울 것이다.

• 뛰어난 집중력

내향적인 사람은 일을 할 때 조용하고 침착한 편이다. 대다수가 독서와 글쓰기를 즐기고 연구 방면에 종사하기도 하며 혼자서도 일을 완수해낸다. 세심하고 관찰에 능하며 집중력이 뛰어나기 때문에 문제를 깊이 사고할 수 있다.

• 말할 때는 충분히 생각한 다음에

내향적인 사람들은 사색을 즐기기 때문에 어떤 대화를 나누든지 그 주제에 관해 깊이 생각하고 직설적으로 말을 내뱉지 않는다. 짧고 빠른 걸 선호하는 현대 사회에서 그들의 이러한 특징은 소중하고 진귀한 품성이 될 수 있다. 비록 때때로 잘 표현하지 못한다는 오해를 받긴 하지만, 단지 조금 더 신중하고 조심스러울 뿐이다.

• 놀라운 실행력

내향적인 사람이라고 해서 적극성이 떨어지는 게 아니다. 단지 성숙한 생각을 거친 후에 행동으로 옮기는 것이다. 또한 그들은 집중력이 뛰어나고 평정심을 잘 유지하며 자신 있게 자기 생각을 지킨다. 그들은 화려한 꽃다발이나 박수갈채 없이도 일을 훌륭하게 완수한다. 미사여구나 과장 섞인 칭찬은 좋아하지 않으며 일을 제대로 마친 것 자체로 만족한다.

• 깊은 통찰력

외향적인 사람은 자기 생각이나 관점을 표현하는 데 능하지만 가끔은 사태를 정확하게 파악하지 않은 상황에서 모든 걸 다 아는 것처럼 얘기하다가 실수를 저지르곤 한다. 하지만 내향적인 사람은 어떤 일을 바라볼 때 매우 냉정하게 관찰하고 사태의 본질을 파악해낸다. 깊은 통찰력으로 눈앞에 일어난 일을 정확하고 현명하게 판단한다.

• 믿을 만한 사람들

일반적으로 내향적인 사람들은 수다를 떨기보다는 남의 말을 잘 들어주고 상대를 잘 배려한다. 또 비밀을 잘 지켜주기 때문에 아주 신뢰할 만하다. 내향적인 사람을 잘 아는 사람이라면 그들이 아무데서나 입을 열지 않으며 이상한 소문을 퍼뜨리지 않는다는 걸 잘 알아 확실히 그들을 믿는 편이다.

• 시간과 돈은 의미 있는 곳에

내향적인 사람들은 조용한 곳에서 혼자 시간을 보내는 걸 좋아한다. 그들 역시 사람들을 접대하고 응대할 능력을 지녔지만, 때때로 그게 꼭 필요하다고 생각하지 않는 것뿐이다. 그들은 명목 없는 곳에 돈을 아무렇게나 낭비하지 않는 편이지만 그렇다고 인색한 건 아니다. 그들은 꼭 필요한 때라면 시간과 돈을 아낌없이 쓴다.

- 자신만의 생각과 주관

가끔은 어떻게 말하는가보다 무엇을 말하는가가 훨씬 더 중요하다. 내향적인 사람이 말수가 적은 것은, 하고 싶은 말이나 말할 소재가 부족해서가 아니라 매사에 매우 진지하고 신중한 태도를 지녔기 때문이다. 그들은 자기 생각을 말해야 할 때라면 사람들의 뜻에 편입하기보다는 자신의 주관을 올곧게 주장한다.

- 뛰어난 리더, 남다른 카리스마

사람 사귀는 걸 좋아하지 않는 내향적인 성격의 사람은 팀이나 회사, 기관을 이끄는 리더 역할이 어울리지 않는다는 게 보편적인 인식이다. 하지만 그런 생각과는 반대로 내향적인 사람도 아주 뛰어난 리더가 될 수 있다. 사실 많은 리더가 말수가 적은 편이며 성격도 내향적이다. 그들은 타인의 마음을 어떻게 존중해야 하는지, 어떻게 전략적으로 사고해야 하는지, 어떻게 가치 있는 의견을 제시할 수 있을지를 잘 알고 있다.

- 분명한 자의식

그리스 시대 명언처럼 사람의 가장 큰 지혜는 '자기 자신을 잘 아는 것'이다. 인터넷에 파편화된 정보가 범람하는 지금 같은 시대에는 많은 사람이 현재 자신이 왜 그러한 사람이 되었는지, 어떤 사람이 되고 싶은지 잘 알지 못한다. 그런데 단단하고 강인한 내면을 지닌 내향적 성격의 사람들은 그러한 미궁 속에서도 자신을 정확하게 인식해내고 자기가 진정으로 원하는 것이 무엇인지를 잘 안다.

• 풍부한 감정, 절제하는 지혜

내향적인 사람은 매우 세심하고 민감하지만 그 감정을 잘 절제할 줄 알고 자신의 감정을 격정적으로 표현하거나 발설하지 않는다. 그러한 감정을 표정으로 드러내는 경우는 극히 드물며 누군가를 만날 때도 상대를 항상 배려한다. 아무리 복잡한 심경일지라도 일희일비하지 않기 때문에 겉으로는 크게 심리적인 동요를 일으키지 않는 것처럼 보인다.

• 깊이 있는 친구 관계

내향적인 사람은 주변에 친구가 많은 편은 아니다. 하지만 일단 친구를 사귀면 상대를 평생의 지기知己로 간주한다. 그들은 단순히 인맥을 다지는 정도의 친구는 만들지 않고 마음을 나눌 수 있는 진정한 친구를 사귄다. 그래서 내향적인 사람과 친구가 되었다면 정말 중요할 때 그에게 진정한 도움을 받을 수 있다. 그들과의 관계는 난관이나 시험을 이겨내기에 충분히 강하고 튼튼하다.

PART 2

판을 뒤집는
내향인의 자질

THE

COMPETITIVE

POWER

OF INTROVERTS

01

내향성의 틈을 바라보다

심리적 약점에
대비하는 법

가장 하찮아 보이는 존재라도
그 나름의 힘과 존재 이유를 가지고 있다.

평소 자신이 너무 작고 초라하다고 느끼는 생쥐 한 마리가 있었다. 생쥐는 세상에서 가장 크고 강한 상대와 친구가 되어 힘을 얻어야겠다고 생각했다. 하지만 도시 전체를 한 바퀴 다 돌았는데도 마음에 드는 상대를 찾지 못했다. 답답한 마음에 생쥐는 한숨을 쉬며 고개를 들어 하늘을 바라보았다. 그때 갑자기 끝도 없이 펼쳐진 하늘이야말로 이 세상에서 가장 힘이 센 존재라는 생각이 들어 말을 걸었다.

"하늘님, 당신은 그렇게 크고 넓으니 무서운 게 하나도 없으시죠? 하지만 저는 이렇게 작고 초라하답니다. 저에게 용기를 주실 수 있나요?"

그러자 하늘이 대답했다.

"그렇지 않아. 나도 무서워하는 게 있지. 바로 구름이란다. 구름이 나타나면 내 얼굴을 모두 가려버리거든."

그 말을 듣자 하늘도 무서워하는 구름이야말로 이 세상에서 가장 센 존재라는 생각이 들었다. 생쥐는 구름을 찾아가 말했다.

"구름님, 당신은 온 하늘을 가릴 수 있으니 이 세상에서 가장 강한 존재가 맞으시죠?"

그러자 구름이 대답했다.

"무슨 소리! 나는 바람이 가장 무서워. 내가 애써서 하늘을 가려도 바람이 세게 불면 우리 구름은 모두 흩어져버린다고!"

그 말을 들은 생쥐가 바람을 찾아가 말했다.

"바람님, 이 세상에 당신을 가로막을 수 있는 건 어떤 것도 없습니다. 그러니 당신은 무서운 게 하나도 없지요?"

그러자 바람이 말도 안 된다는 말투로 대답했다.

"나도 무서운 게 있지. 나는 벽이 무서워. 하늘의 구름은 흩뜨릴 수 있지만 단단한 벽이 있으면 넘어가지 못하거든. 그러니 벽이 나보다 훨씬 세지."

생쥐는 바람의 말을 듣고 벽에게 달려갔다.

"벽님, 당신은 거센 바람도 막을 수 있으니 이 세상에서 가장 강한 존재가 아니십니까?"

그러자 벽이 놀라운 대답을 했다.

"무슨 소리! 나는 너희 쥐들이 가장 무서워! 너희가 나를 갉아먹어 크게 구멍을 내는 날이면 나는 무너져 내린다고!"

생쥐는 그제야 이 세상에서 가장 뛰어난 존재는 다름 아닌 바로 자신이었다는 큰 깨달음을 얻었다.

살면서 우리는 상당히 많은 것에 두려움과 공포를 느낀다. 또 나를 제외한 모든 사람들이 강하고 멋있다고 생각하며, 그들에 비해 나는 보잘것없는 존재라고 생각한다. 하지만 생쥐 이야기와 같이, 가장 하찮아 보이는 존재라도 그 나름의 힘과 존재 이유를 가지고 있다.

한편 사람은 정신적, 심리적으로 자신을 지켜내려는 자기방어 의식을 가지고 있다. 한번 사기를 당한 사람이 그 뒤로 누구를 만나든 의심을 먼저 하게 되는 것처럼 말이다. 내향적인 사람들은 평균치보다 조금 더 강한 자기방어 의식을 지니고 있다.

자기방어 의식이 작동하면 외부 세계에서 오는 상처로부터 자신을 잘 보호할 수 있다. 하지만 자기방어 의식이 지나치게 강하면 오히려 일상생활에 불리하다. 내면세계에 갇혀 살면 상처는 피할 수 있겠지만 그에 상응하는 사랑은 맛보기 어렵다. 자기방어 의식이 너무 강한 사람은 두 가지 분명한 특징을 보이는데, 하나는 의심이 많아 사람을 쉽게 믿지 못하는 것이며 다른 하나는 개인의 이해득실에 너무 얽매여 다른 사람과의 협력을 꺼리는 것이다. 이러한 사람들은 항상 주변 사람이 자기에게만 집중하거나 자신에 대해 수군거린다고 생각한다.

한 기업에서 프로젝트 회의가 열렸다. 대부분의 회의 참석자들은 자유롭게 자기 생각을 말하며 여러 가지 아이디어를 제시했다. 그런데 이런 상황에서 엄청난 부담을 느끼고 긴장하는 내향적인 사람은 사람들 앞에서 무슨 말을 해야 할지 몰라 헤매며 말을 더듬다가 자기 생각을 명확히 전달하지 못했다.

심리학자들은 이러한 실패 원인을 세 가지로 해석한다. 첫 번째 이유는 사회적 나태함이다. 조직은 이러한 사람들을 챙겨주지 않으며 문제가 발생하면 그들에게 잘못을 미루려는 습성이 있다. 두 번째 이유는 외부적 장애물 때문이다. 조직 안에서 유창하게 말을 하거나 재빨리 아이디어를 떠올리는 사람은 보통 한두 명밖에 되지 않는다. 나머지 조직원은 수동적으로 그들의 의견을 들을 뿐이다. 세 번째 이유는 평가에 대한 두려움, 즉 동료들 앞에서 창피를 당하지 않을까 하는 공포 때문이다. 내향적인 사람들에게는 두 번째와 세 번째 이유가 합쳐진 모습이 나타난다.[1]

이처럼 내향성이 강한 사람들은 심리적으로 초조함과 두려움을 잘 느낀다. 이를 극복하기 위해 누군가와 대화를 나눌 때 다음의 몇 가지 방법을 적용해볼 수 있다.

• 자주 나오는 대화 주제에 대해 미리 답을 준비한다.

반복하면 익숙해진다. 가족이나 친구, 동료들과 대화를 나눌 때 조금씩 연습해보자. 미리 준비한 질문이나 대답을 직접 사용해도 좋다. 다소 딱딱하고 어색해 보일 수는 있어도 최소한 대화가 중간에 끊어지는 일은 없다. 연습하다 보면 자신감도 조금씩 얻게 될 것이다.

• 재미있는 화제를 미리 알아둔다.

온라인에 돌아다니는 유머나 패션, 최근 핫이슈나 여행, 영화나 맛집 혹은 쇼핑 등 모든 것이 화제가 될 수 있다. 만나는 사람에게 맞는 화제를 미리 준비해보자. 준비한 것이 많으면 많을수록 분위기를 재미있게 이어갈 수 있다.

• 상대의 이야기를 더 많이 들어준다.

대화를 나눌 때 내향적인 사람들은 급하게 자기 생각을 표현하기보다 상대 반응에 더 많은 주의를 기울이는 편이다. 또 상대가 말이 많아질수록 더 많은 생각을 하게 된다. 내향적인 사람들 가운데 상당수가 혹시 말실수를 저질러 상대의 마음을 불편하게 하진 않을까 하는 걱정 때문에 모르는 사람과 대화하기를 꺼린다. 그럼 차라리 자신의 특징을 잘 살려서 상대가 더 많이 말하게 하고 가끔 질문을 던지는 방식으로 화제를 이어가보자. 이렇게 하면 상대에게 이야기를 잘 들어주는 사람이라는 좋은 인상을 남길 수 있다.

• 명확한 목표를 가지고 대화를 시작한다.

예를 들어 낯선 사람과 대화를 나눌 때는 '오늘은 이 사람을 제대로 알아가자' 같은 자기만의 목표를 설정하는 게 좋다. 그러면 그 사람을 이해하는 데 온 마음과 정신을 쏟을 수 있기 때문이다. 다른 걸 걱정하거나 상관없는 질문을 할 필요가 없다. 목적을 지닌 대화는 나쁘다는 생각을 버리자. 입장을 바꿔 생각해보라. 당신이라면 아무런 목적 없는 한담을 얼마나 오랫동안 나눌 수 있겠는가?

부족한 자신감
끌어올리기

언제까지 다른 사람 눈에
'괜찮은 나'가 되려고 노력하며 살 것인가?

내향적인 사람들 중에는 자신감이 부족한 사람이 많다. 예민하고 의심이 많으며 많은 경우 다른 이의 평가에 지나치게 신경 쓴다. 심지어 타인의 의미 없는 말이나 눈빛 때문에 자기를 부정하기도 한다. 이는 내향적인 사람들의 매우 취약하고 연약한 특징 중 하나다.

대다수의 내향적인 사람이 혼자 있는 걸 좋아하긴 하지만 사람마다 완전히 똑같은 이유로 그 시간을 즐기는 건 아니다. 누군가는 교만함에 빠져서 사람들과의 교제가 필요 없다고 느끼는가 하면, 또 누군가는 심각한 자극을 받았거나 대인 관계에서 좌절을 겪어서 사람을 사귈 용기를 잃어버리기도 한다. 이런 사람들은 스스로 무시당한다고 생각해서 매우 괴팍한 성격으로 변한다.

있는 그대로를 인정하라

오스트리아의 정신의학자 알프레드 아들러Alfred Adler는 '열등감은 자신 혹은 자신의 환경이 다른 사람보다 못하다는 무의식적 욕망과 감정이 섞여서 만들어진 일종의 복잡한 심리'이며 '노력하지 못하거나 노력하고 싶지 않아서 꾸며낸 변명'이라고 지적했다.[2] 열등감이 빚어낸 자신감 부족은 현대사회의 흐름에 맞지 않을 뿐더러 커리어 계발에도 방해가 된다. 심리적으로도 안정감과 소속감을 느끼지 못하게 만들어 위축감과 외로움이라는 심리 장애를 일으키고 그로써 건강하지 못한 인격을 형성한다.

자신감이 부족한 사람은 자기 모습에 늘 불만을 느낀다. 자신이 꿈꾸는 이상적인 모습과 현재 모습 사이에 너무 많은 차이가 존재한다고 여기며, 그 때문에 스스로 원망한다. 하지만 자신감이 충만한 사람은 자신의 장단점을 잘 알고 그 모습을 그대로 수용한다. 능력이 출중하든 아니든 자신을 있는 그대로 인정하기 때문에 훨씬 안정적으로 사고하고 생활한다.

안타깝게도 내향적인 사람들에게서 자신감이 부족한 모습이 많이 보이며, 자신감 부족은 그 자체로 내향적인 사람들의 성격적 특성 중 하나이다. 하지만 충분히 개선할 수 있는 여지가 있다. 따라서 스스로의 성격을 마음속 깊이 인정하고 채워야 할 부분은 채워가야 한다.

왜 자신감이 부족할까?

사람의 성격은 그 사람의 가정환경 및 그가 속한 사회의 여러 상황과 크게 관련이 있다. 다른 사람에게 이해받지 못하고 좌절과 상처를 많이 경험한 사람은 타인을 잘 믿지 못하고 적대시한다. 부족한 자신감은 여러 모습으로 나타나는데 그 증상과 원인을 정확히 알아야만 확실히 대처하고 개선할 수 있다.

가정환경

자녀가 자신보다 나은 삶을 살기를 원하는 부모들은 특히 학업 부분에서 아주 엄하게 교육하는 경향이 있다. 일단 아이가 놀기 좋아하는 모습을 보이면 심하게 혼을 내고 심지어 아이의 교우관계까지 단속하고 구속한다. 이렇게 청소년 시기에 부모에게 크게 구속당하며 자란 아이는 하고 싶은 일을 마음껏 하지 못하며 자란다. 그래서 나중에 어른이 되어 어려움에 직면하면 도전해서 이겨야 한다는 태도를 갖기보다 실패할까 봐 걱정하며 쉽게 포기해 버리는 경우가 많다.

부족한 경험과 자기 부정

내향적인 사람들은 많은 사람들 앞에서 말을 해야 할 일이 있으면 수많은 눈과 귀가 모두 자신에게 집중되어 있다는 사실에 부담을 느낀다. 그들은 혹시나 실수를 저지르진 않을까 걱정하면서 자신의 능력을 의심한다. 이러한 모습은 자신을 부정하기 때문에 나타난다.

그렇다면 자신감 문제를 극복하기 위해서는 어떻게 해야 할까? 먼저 예전에 성공했던 경험을 떠올려보자. 과거에 자부심을 느꼈던 일을 떠올리면서 현재의 나도 충분히 잘 할 수 있다고 스스로 격려하면 자신감이 생긴다. 단기적인 작은 목표들을 세우는 것도 좋은 방법이다. 예를 들어 매일 한 번씩 산책하기, 다이어트 꾸준히 하기, 1년에 책 몇 권 읽기 등의 목표를 세우고 그것을 달성할 때마다 스스로에게 작은 선물을 해보자. 작은 목표들을 성취하다 보면 조금씩 자신감을 키울 수 있으며 더 큰 도전도 용감하게 시도해볼 수 있을 것이다.

조금 다르게 생각해보면 무슨 일이든지 자신 있게 마주하는 것은, 모든 사람이 꿈꾸는 일이기도 하지만, 분명히 비현실적인 일이다. 동전에도 양면이 있는 것처럼 맹목적인 자신감은 오히려 독이 된다. 중요한 건 내가 충분히 해낼 수 있는 일이 무엇인지, 또 노력해도 안 되는 일은 무엇인지 바로 알고 구분해내는 것이다.

내향적인 사람은 보통 다른 사람의 의지와 생각을 매우 존중하는 편인데 남에게 그러는 것처럼 자기 자신에게도 똑같이 그런 태도를 가질 필요가 있다. 사람들의 평가에 지나치게 신경 쓰는 이유는 스스로를 정확하게 평가하지 못하다 보니 현실과 이상 사이에서 균형을 이루지 못하기 때문이다. 그러나 나 자신의 앞날은 다른 사람의 평가로 결정할 수 없다. 중요한 건 자기 자신을 정확하게 인식하고 이해하는 것이다.

언제까지 다른 사람 눈에 '괜찮은 나'가 되려고 노력하며 살 것인가? 세간의 평가와 가치에 자신을 맞추느라 지쳐버린 마음과 생각을 끌어안고 사는 인생에서 무슨 재미를 찾을 수 있단 말인가?

모든 사람은 자기만의 독특한 경험을 지녔다. 그래서 이 세상이 이토록 변화무쌍한 것이다. 우리는 경험을 통해 우리 자신의 부족함을 발견하게 되고 더 나은 스스로가 되기 위해 노력한다. 그로써 보다 더 충실한 인생을 살아낼 수 있는 것이다. 무작정 다른 사람을 좇는 인생이 아닌 온전한 나로 사는 인생을 위해 노력해보자.

도망치고 싶은 마음

내향적인 사람들은 '싸우는 것보다 피하는 게 상책'이라고 생각하고
이후의 소통을 아예 차단하고 포기해버린다.

내향적인 사람들은 먼저 나서서 사람을 사귀지 않으며 자기 생각
을 잘 표현하지 않는다. 또 생각이 예민하고 세심하며 감정이 잘 변
하고 대인 관계에 비교적 거부감이 있다. 외부 세계와의 접촉을 꺼
리는 편이며 어려운 일을 만나면 회피하는 경향이 있다.

회피하고자 하는 심리는 여러 행동으로 나타난다. 누군가는 혼자
있는 걸 즐기고 단순한 라이프 패턴을 추구한다. 누군가는 복잡한
일을 싫어하고 업무적으로도 피할 수 있는 일은 최대한 피하려고 한
다. 누군가는 정서적으로 변화가 많지만 겉으로 드러내지 않는 사람
도 있다.

만약 자신의 이러한 성향을 잘 이해하지 못하고 받아들이지 못하
면 스스로 상처를 받고 방황할 수 있다.

갈등 회피

내향적인 사람들은 일상생활이나 업무에서 번거로운 일이 생기면 무의식적으로 그것을 회피한다. 예를 들어 앞집 사람이 쓰레기를 제때 버리지 않고 자꾸만 현관 앞에 둔다고 하자. 좋은 마음으로 주의를 주었는데 오히려 상대가 심하게 화를 내며 남의 일에 간섭하지 말라고 핀잔을 준다면 어떨까? 이럴 때 내향적인 사람들은 '싸우는 것보다 피하는 게 상책'이라고 생각하고 이후의 소통을 아예 차단하고 포기해버린다. 하지만 이렇게 해서는 문제가 영원히 해결되지 않는다. 다툼이 싫어서 뒤로 물러나면 다음번에 같은 문제가 생겨도 용기를 내서 말하기 힘들다. 이러한 회피 행동은 결국 문제를 제대로 처리하지 못하게 하고 그대로 방치하게 할 뿐이므로 점점 더 근심과 짜증만 쌓이게 한다.

내향적인 사람들은 본래 충돌과 갈등을 싫어한다. 그런데 그 때문에 답답함과 스트레스가 계속 쌓이면 결국 가장 손해를 보는 사람은 자기 자신이다. 어떤 일로 정서적인 타격을 입었다면 다음번에 비슷한 상황이 발생했을 때 계속해서 그 영향을 받을 수밖에 없다. 내향적인 사람들은 번거로움을 피하기 위해 회피의 길을 선택하지만 결국에는 막다른 길에 도달한다. 회피는 눈앞에 일어날 잠깐의 난관을 피하게 할 수는 있지만 마음속에 '시한폭탄'을 심어두는 것과 같다. 그래서 일단 정신적인 피로도가 한계에 도달하면 홍수로 인해 무너지는 제방처럼 심리적으로 힘없이 무너져버리고 만다. 그래서 충돌이 생기더라도 용기 있게 마주하는 연습을 해야 한다. 회피는 최고의 방법이 아니다.

피하고 싶은 마음 다스리기

내향적인 사람 대다수는 사람 사귀는 걸 별로 좋아하지 않는다. 사람을 사귀는 능력은 있지만 사람이 많이 모이는 장소에 가는 건 최대한 피하는 편이다. 이는 일부 특정한 장소를 피하는 것이라서 대인기피증과는 다르다.

예를 들어 어떤 사람이 직장에서 회의 중에 프로젝트 계획에 관해 발표를 하게 되었다. 그런데 순간 너무 긴장한 나머지 실수를 저질렀고 하필 동료 직원이 반대 의견을 제시하기까지 했다. 상사 역시 그 부분을 지적하며 질타했다. 이러한 아찔한 경험 때문에 그 후로 그 사람은 회의가 있을 때마다 긴장과 불안을 감추지 못하며 도망가고 싶다고 생각한다.

많은 경우 회피 성향이 있는 내향적인 사람들은 이런 식의 회피는 결코 좋은 방법이 아니라는 걸 안다. 하지만 알면서도 바꾸지 못한다.

만약 회피하고 싶은 심리상태를 바꾸고 싶다면 침착하고 냉정하게 생각하면 된다. 자신의 단점이나 약점을 다른 사람이 알아챌까 봐 걱정하느라 억지로 생각이나 의견을 숨길 필요는 없다. 앞에서 말했던 것처럼 먼저 자신에게 비교적 익숙한 것부터 차근차근 해나

가면 된다.

　사람이 많은 공개적인 장소에서 발언할 엄두가 나지 않는다면 먼저 혼자 연습을 해보거나 가족 혹은 친구들에게 도움을 요청해 고쳐야 할 문제가 무엇인지 물어볼 수 있다. 편안한 환경에서 연습을 해본 다음 어느 정도 숙련이 되면 '안전지대'를 벗어나 더 낯선 환경에서 발언하는 연습을 해보자. 다른 사람의 시선이나 생각을 너무 신경 쓰지 않아도 된다. 사전에 준비만 잘 되어 있으면 용감하게 해낼 수 있다. 사사건건 완벽함을 추구할 필요도 없다. 이 세상에 완벽한 사람은 없다. 열심히, 최선을 다해 임하고 부족한 부분을 보완하고 개선해보자. 자신의 능력이 닿는 범위 안에서 결점이 생기지 않도록 하면 결국에는 성공의 영예를 맛볼 수 있다. 그러면 회피하고 싶은 문제들이 훨씬 줄어들 것이다. 사전에 준비를 철저히 하고 융통성 있는 계획들을 준비해둔다면 당신을 비난하고 질책할 사람은 아무도 없다.

　설령 사람들이 비난한다고 해도 조금 다르게 생각해보는 건 어떨까? 당신과 다른 생각과 의견을 내놓는다는 건 더 나은 결론을 위해 긍정적인 의견을 주는 것이지 결코 당신이 형편없다고 말하는 것이 아니다. 사람들의 비난과 질책 속에서도 나에게 도움이 될 만한 유용한 정보들을 잘 골라내 소화시키면 그만이다. 악의적인 공격이라고만 생각하지 말자.

　모든 일에 양면성이 있듯 무조건 회피하는 것만이 가장 좋은 방법은 아니다. 앞으로 닥칠 어려움을 피할 생각만 하면서 스스로 실패의 그늘을 씌우고 다른 사람이 나에게 미칠 각종 부정적인 영향들을 걱정하는 것은, 내가 내 발로 걱정과 불안의 감옥으로 들어가는 것과 같다. 사람들과 인연을 끊고 완전히 산속으로 들어가서 살지 않는 이상 인간관계는 피할 방법이 없다. 현실 생활을 유지하려면 사람들과의 교제는 누구에게나 반드시 필요하다.

내향적인 사람들은 일상이나 업무에서 필요한 인간관계를 모종의 압박이나 강압으로 받아들여서는 안 된다. 아무리 편안하고 조용한 삶을 추구한다고 해도 철학에서 이야기하는 것처럼 세상에는 상대적인 자유만 있을 뿐 절대적인 자유란 존재하지 않는다. 따라서 스스로 심리나 정서적 조절에 집중해야 한다. 그렇지 않으면 심각한 대인 관계 공포증이 생길 수 있고 그것이 삶과 업무에 엄청난 부담으로 작용할 수 있다.

이따금 찾아오는 피로와 근심, 스트레스와 부자유는 지극히 정상적인 것이다. 이 세상을 살면서 안전지대에만 머물 수 있는 사람은 아무도 없다. 다시 한 번 말하지만 회피만이 유일한 방법이 되어서는 안 된다.

낯선 환경에 대한 두려움

그들은 익숙한 안전지대에만
머물길 원한다.

독일의 철학자 마르틴 하이데거Martin Heidegger는 '시적詩的 언어 속
에 존재가 거주한다'라는 말로 이상적인 삶을 묘사했다. 사람은 태
어나서부터 어른이 되기까지 수없이 많은 경험을 한다. 가정과 사
회, 태어난 고향과 타향, 심지어 동방에서 서방에 이르기까지 모든
사람의 생활환경은 천차만별이기 때문에 계속해서 역할을 바꾸며
외부 세계와 관계를 맺어야 한다. 하지만 내향적인 사람들은 새로운
환경에 적응하는 일이 쉽지 않다. 이는 그들에게 실로 엄청난 도전
이다.

미국의 작가 데니스 브라이언Denis Brian*이 저술한《아인슈타인 평

---

* 미국의 유명 전기傳記 저술가. 대표작으로는《아인슈타인 평전》,《퓰리처》,《퀴리 가문》등이 있다.

전》에는 19세기 후기 독일의 학교 교육이 아인슈타인에게 얼마나 힘들었는지를 묘사한 대목이 나온다. '그는 조용하고 괴팍했으며 방관자였다.' 무조건 외우는 식의 학습 방식을 싫어했던 데다 종종 기이한 행동을 했던 탓에 사람들은 그를 '지능이 모자란' 아이로 평가했다. 그는 다른 학생들처럼 선생님의 질문에 민첩하고 완벽하게 대답한 적이 한 번도 없었다. 늘 망설였고 말도 더듬었다.

만약 계속 독일 학교에 남아 있었다면 그는 영원히 세계적인 물리학자가 될 수 없었을 것이다. 하지만 다행히도 그는 가족을 따라 이탈리아로 이민을 하게 되었다. 아인슈타인의 여동생 마야는 단 6개월 만에 그에게 나타난 변화를 보며 매우 놀라워했다. '신경질적이고 늘 위축되어 있던 몽상가가 사랑스럽고 친절한 사람으로 바뀌었다. 냉철한 유머 감각을 갖춘, 가까이 하고 싶은 젊은이가 되었다. 이탈리아의 공기와 친절한 사람들 덕분일까? 아니면 그가 고난에서 벗어났기 때문일까?'

나중에 스위스에서 중학교에 입학하게 되었을 때는 독일처럼 교실 분위기나 환경이 차갑고 딱딱한 건 아닐지 모두가 걱정했다. 하지만 '아인슈타인은 그곳의 편안한 환경을 매우 좋아했다. 선생님과 학생들은 화제를 정해 자유롭게, 경쟁적으로 토론했고 심지어 정치적인 방면의 화제까지 다루었다. 이는 독일 학생들에게는 상상하기 힘든 광경이었다. 또 학생들이 직접 화학실험을 설계하고 진행하도록 독려했지만 사고가 발생하는 일은 매우 적었다.' 아인슈타인은 나중에 자신의 삶을 돌아보며 '나는 똑똑한 게 아니라 문제를 사고하는 시간이 조금 더 길 뿐'이라고 말했다.**3**

아인슈타인은 전형적인 내향적 인물이다. 내향적 사람들은 일상의 수많은 변화에 매우 민감하고 또 생각이 많다. 그래서 환경은 그들의 일상생활이나 학업, 일 등에 큰 영향을 주는 매우 중요한 요소다. 일부 대인 관계를 기피하고 두려워하는 내향적인 사람들에게는 아주 작은 환경의 변화도 걱정을 일으키는 요소가 될 수 있다. 환경적인 부분에서 그들이 보이는 심리적인 문제는 다음과 같다.

첫째, 일부 내향적인 성격은 내면의 열등감에서 비롯된다. 그들은 자신이 새로운 사물에 대해 시도하고 접촉할 용기가 부족하다고 여기며 자신의 가치를 매우 낮게 평가한다. 그래서 변화를 두려워하고 새로운 접촉을 꺼린다. 그들은 익숙한 '안전지대'에만 머물길 원하며 갑자기 환경이 변하거나 자신이 낯선 사람들의 시야에 들어가는 걸 견디지 못한다. 그들은 자신을 평가하는 사람들의 시선을 힘들어하며 그 과정에서 혹시나 자신의 여러 부족함이 탄로 날까 봐 걱정한다. 이런 점에서 본다면 내향적인 사람들은 새로운 환경이나 사람 만나는 걸 두려워하기보다 낯선 사람이 자신에 관해 이런저런 평가를 하는 걸 두려워한다고 말할 수 있다.

둘째, 일부 내향적인 사람들은 특정 장소에서 불안을 느끼고 긴장한다. 그리고 비교적 긴 시간의 적응기를 거쳐야만 이런 증상이 호

전된다. 이러한 경험은 내면 깊숙이 인이 박혀서 다른 장소에서도 비슷한 감정을 느끼고 또다시 자연스럽게 회피하려는 마음이 생긴다. 하지만 일단 적응하면 사람들과 즐겁게 대화를 나눌 수 있다. 이들은 가끔 도망가고 싶다는 생각을 하긴 하지만 대체로 긴장과 불안에 적응할 시간이 필요한 것일 뿐이다.

내향적인 사람들은 어떤 습관이 하나 생기면 그걸 바꾸기 싫어한다. 이런 민감한 마음 상태 역시 많은 경우 사람들에게 이해받기 어렵다. 그래서 사람들은 그들에 대해 걱정이 지나치게 많고 소심하다고 생각하는데, 이는 매우 단편적인 생각이다. 만일 어릴 적 아인슈타인처럼 환경의 변화가 그들에게 유익하게 작용하면 그들 역시 자신의 천부적인 소질과 장기를 마음껏 발휘하며 자유롭게 성장할 수 있다. 물론 스스로의 노력도 필요하겠지만 그들이 안정적인 정서를 느끼게 해주는 것이야 말로 변화된 환경에 잘 적응할 수 있게 도와주는 중요한 요소다.

보통은 가족이나 친구들의 격려 섞인 한마디, 긍정적인 눈빛이 그들의 자신감을 키운다. 비록 단기간에 적응할 수는 없겠지만 조급해 해서는 안 되며 극단적인 방법으로 외부 세계와의 접촉을 강요해서도 안 된다.

한편 내향적인 사람들은 무의식적으로 주변 환경에 어느 정도 위기감과 불안함을 느낀다. 하지만 생존을 위해 엄청난 내면의 에너지와 정신을 쏟아 부어 환경에 적응하며 신중하게 위기를 처리해 나간다. 시간이 흐르면서 이러한 대응 자세는 일종의 습관으로 굳어져 일상이나 업무에서 작은 변화만 일어도 심리적인 부담을 느낀다.

내향적인 사람들은 직장에서 진급을 하는 등 긍정적인 변화가 생기더라도 일단 새로운 환경에 마주하면 불안감이 그 즉시 발동하여 마음에 부담과 압박을 크게 느낀다. 그렇다면 새로운 환경에 적응하는 능력은 어떻게 키울 수 있을까?

• 만약 긍정적인 변화라면 먼저 친한 사람들의 지지를 받아보자. 그러면 심리적으로 큰 위안을 얻을 수 있다. 또, 다른 사람과 교제를 많이 할 수 있게 스스로 격려해보자. 마음에 드는 사람이 있으면 먼저 다가가서 말을 건네보는 것도 좋다. 이로써 낯선 사람의 호감과 인정을 받는 연습을 해보자.

• 새로운 환경으로 들어가더라도 의식적으로 자신의 습관에 따라 문제에 대응해보자. 다른 사람을 의식할 필요가 전혀 없다. 예를 들어 새로운 집으로 이사를 했다면 처음에는 긴장되고 불안할 수 있다. 이웃 주민들의 시선도 신경이 쓰일 것이다. 그렇다고 해서 혼자 집 밖으로 나가 물건 하나 사오지 못할 만큼 불안한 건 아니지 않은가. 때로는 다른 사람이 아닌 자기 자신이 너무 많은 장애물을 세우고 있다는 사실을 인식해야 한다.

• 새로운 환경에서 자신의 이미지를 바꾸려는 시도를 해보자. 일부러 성격을 바꾸라는 게 아니다. 옷이나 화장, 헤어스타일 등에 변화를 주거나 사람을 대하는 태도 등에 주의를 기울여보라는 얘기다. 평소에는 별로 신경 쓰지 않았던 세세한 부분부터 조금씩 조정하고, 사람들과 대화할 때 상대의 눈을 쳐다보는 등의 노력을 기울이다 보면 인간관계의 적응력도 조금씩 올라갈 것이다.

일상의 작은 부분부터 조금씩 고쳐나가다 보면 갖가지 문제를 해결하는 데 분명히 많은 도움을 얻을 수 있을 것이다.

변화를 맞이하는 자세

우리는 인생의 중요한 순간마다 융통성을 발휘해서
자신을 막다른 길로 몰아넣지 않게 주의해야 한다.

미국의 심리학자 칼 로저스Carl Rogers*는 "좋은 삶은 과정이지 상태가 아니다. 그것은 목적지가 아니라 방향이다"라고 말했다. 늘 발전하며 변화하는 것이 좋은 삶임을 형상적으로 설명해주는 말이다. '생로병사生老病死'라는 말 역시 모든 사람의 인생은 비슷한 경험을 통해 흘러가며 부단히 조정하고 적응하는 것임을 알려준다.

인생은 언제나 변화한다

현실에서 내향적인 사람들은 안정적이고 단순한 삶을 살아가길 원하며 변화가 필요한 일부 상황에 대해서는 거부감을 느끼고 배척

---

* 인본주의 심리학의 대표적 인물 중 하나로 '내담자 중심'의 심리치료법을 주장했다. 1955년 미국 심리학회에서 수여한 '걸출한 과학 공헌상'을 받았다.

하는 경향이 있다. 하지만 그들도 가끔은 변화와 조정이 필요한 삶을 희망한다. 다만 그들은 남보다 더 큰 인내심과 용기를 발휘해야만 늘 똑같이 반복되는 지루한 일상에서 조금씩 벗어날 수 있다. 행동하기 전에 아주 오랫동안 계획을 세우고 마음의 다짐을 하며, 변화로 인해 일어나게 될 각종 장단점을 정확히 분석한 뒤에야 비로소 한발을 내디딘다.

예를 들어 비교적 내향적인 몇몇 대학생들은 졸업을 앞두고 진로에 대해 수없이 고민하고 갈등한다. 높은 학력이 향후 더 좋은 성과를 낼 수 있게 도와주는 건 사실이지만 그중에는 직장 내 인간관계에 대한 부담 때문에 취업을 하기보다 석사과정에 진학하려는 사람도 있다.

내향적인 사람은 한번 내린 결정을 끝까지 고수하는 편이다. 왜냐하면 생각이 쉽게 변하거나 결정을 바꾸는 스타일이 아니기 때문이다. 그래서 종종 '융통성 없는' 사람으로 비치기도 한다. 중국에는 '버티는 사람이 승리한다'라는 속담이 있다. 이 속담처럼 끝까지 버텨내 결국 승리를 쟁취하는 사람도 있겠지만 그렇다고 모든 사람의 인생이 늘 뜻대로, 계획한 대로만 되는 것도 아니다.

우리는 인생의 중요한 순간마다 융통성을 발휘해서 자신을 막다른 길로 몰아넣지 않게 주의해야 한다. 앞에서 말한 석사과정 진학을 예로 들어보자. 그 과정이 순조롭다면야 더할 나위 없이 좋겠지만 만약 진학 시험에 한두 번 이상 떨어졌다면 꼭 그 길로만 가야 하는 것인지 생각해보고 변화를 시도해볼 수 있어야 한다. 이를테면 일단은 직장을 구해 일을 하면서 공부도 계속 하겠다고 생각해보는 것이다. '모든 길은 로마로 통한다'라는 옛말도 있지 않은가. 인생의 가치는 좋은 학력 같은 단 하나의 지표로만 평가할 수 있는게 아니다.

주식을 하는 사람이라면 다 아는 명언이 하나 있다. '달걀을 한 바구니 안에 넣지 말라.' 분산투자를 해야 리스크를 줄일 수 있다는 뜻이지만 더 크게 생각해보면 살면서 한 길만 고집하다가 변을 다하지 말고 때에 맞게 임기응변의 기지를 발휘할 수 있어야 한다는 뜻으로도 생각할 수 있다. 하나의 길만 생각한 채 다른 대처법을 마련해두지 않는다면 바구니 안에 든 달걀이 모두 깨져 결국 하나도 남지 않는 상황이 생길지도 모른다.

바꿔 말하면 일상생활이나 일을 할 때 주변 환경에서 안정감을 느낄 수만 있다면 사람들과 자유롭게 교제하고 협력하면서 자연스럽게 자신의 장점을 발휘할 수 있어야 한다. 심지어 때로는 외향적인 모습을 취함으로써 임기응변에 능한 사람이 되어야 한다. 만일 환경의 변화로 인해 늘 불안해하면서 잘 적응하지 못하면 계속 긴장에 휩싸여 곤욕을 치를 수밖에 없다.

이를 통해 우리는 결국 내면의 안정감은 실제 환경과 무관하다는 것을 알 수 있다. 자신감을 채우고 평정심을 찾아야만 삶의 다양한 상황에서 융통성을 발휘할 수 있다.

적절한 융통성의 힘

내향적인 성격은 생리적인 요소가 만들어낸 심리적 상태와 연관이 깊다. 게다가 일단 오랜 시간의 적응기를 거쳐 습관으로 굳어지면 나중에 아무리 노력해도 이런 성격을 바꾸기 힘들다. 안 좋은 습관을 고치려고 할 때 많은 사람이 그것을 천성적인 것으로 생각하고 융통성을 발휘하지 못하거나 한번 시도해보고 실패하면 금방 포기하기도 한다. 융통성을 발휘하는 것이 실로 그렇게 힘든 일일까?

원래의 내 모습을 유지하고 꿈을 포기하지 않는다는 건 매우 긍정적인 일이다. 사람은 이 세상을 살면서 자신만의 역할을 감당하고 능력을 드러내길 원한다. 내향적인 사람이 성공을 거두기 위해서는 먼저 추구하는 바가 분명해야 하며 그래야만 비로소 개인의 가치를 실현할 수 있다. 내향적인 성격을 핑계 삼아 발전하지 않은 채 늘 같은 자리에 멈춰 있어서는 안 된다. 마음속에 꿈을 꾸고 그것을 유지할 원동력만 있다면 다른 사람처럼 똑같이 목표를 향해 전진할 수 있다.

일반적으로 어떤 일이든 목적지로 가는 길은 순탄치 않다. 하지만 방향이 분명하고 올바르다면 언젠가는 그 꿈과 목표를 실현할 수 있다. 중국의 유명 문학작품인《서유기》를 보면, 삼장법사와 제자들이 인도에 가서 불경을 구해오는 과정도 절대 순탄치 않았다. 천신만고 끝에 목적을 달성하기까지의 과정은 그야말로 의지를 다지는 과정이었다. 삼장법사는 가장 연약하고 가장 내향적이었지만 내면만은 매우 강한 인물이었다. 그의 굳은 신념이 없었더라면 제자들은 중간에 갖은 문제와 의견 차이를 이겨내지 못하고 진즉에 뿔뿔이 흩어졌을 것이다. 하지만 위기가 올 때마다 삼장법사가 발휘한 기지 덕분에 그들은 결국 원하던 목표를 달성했다.

자신의 신념을 지키면서 적절한 때에 융통성을 발휘해야만 마침내 생각지 못했던 결과를 얻을 수 있다. 그렇다면 내향적인 사람들은 어떻게 이 고비를 잘 넘어갈 수 있을까?

첫째, 생각의 융통성이 필요하다. 한 사건이나 문제에 대해 사람들의 의견은 모두 다를 수 있다. 보편적인 상황이라면 어떻게 행동해야 하는지에 관한 특정한 규칙이 있을 테지만 구체적인 문제는 구체적으로 분석해야 한다. 문제가 생기면 그것에 대해 많이 생각하고 질문해야 하며 주변에 믿을 만한 사람들과 깊이 있는 대화를 나눠야 한다. 이는 내향적인 사람들이 생각의 융통성을 발휘할 좋은 방법이다.

둘째, '플랜비'를 마련하라. 내향적인 사람들은 전방위적으로 생각하는 습관이 있고 무슨 일을 하든지 안전이 확보되어 있길 원한다. 결과를 생각하지 않은 채 무조건 저지르고 보는 것은 내향적인 사람들의 특성이 아니다. 이런 특성을 살려 어떤 문제에 관한 태도와 생각을 조정하고 융통성을 발휘해야 할 때는 단 하나의 선택지만 두지 말고 여러 시나리오를 다방면으로 준비해보자. 하나가 안되면 다른 하나를 시도해보는 것이다.

원하든 원하지 않든 모든 사람은 때에 맞게 융통성을 발휘할 필요가 있다. 융통성을 잘 발휘하는 사람의 미래는 나날이 좋아질 것이며 그렇지 않은 사람의 미래는 반대로 흘러갈 것이다. 인생의 각종 변화 앞에서 임기응변을 발휘해 그 속에 숨은 기회를 잘 포착한다면 변화하는 과정에서 성공을 거둘 수 있다.

생각이 '너무 많은' 사람들

내향적인 사람은 간단하고 단순한 일도
복잡하게 생각한다.

내향적인 사람의 내면은 매우 '활발하다.' 다시 말해 생각이 '너무 많다.' 이것을 굳이 단점이라고는 할 수 없지만, 가끔은 다른 사람들에게 피곤한 사람이라는 인상을 주기도 한다.

내향적인 사람들은 자신의 꿈과 목표를 매우 중요하게 생각하고 소중히 여긴다. 또 얼마 되지 않는 몇 명의 친한 친구를 매우 중시한다. 그들은 자신이 중요하게 여기는 것들을 지키기 위해 온갖 생각을 하며 스스로 정한 목표와 방향을 향해 꾸준하고 우직하게 나아간다. 혹자는 생각이 너무 많으면 현실을 자각하지 못한 채 꿈에만 갇혀 지낼 수 있다고 말하기도 한다. 하지만 수학의 소수점을 발견한 천징룬陳景潤, 상대성이론을 발견한 아인슈타인 등도 생각이 '너무 많은' 사람들이었다.

많은 과학자, 예술가, 문학가가 내향적인 성격을 지녔으며, 그들 중 대다수가 실제로 생각이 '너무 많다.' 그들은 정서가 예민하고 걱정이 많으며 주변 사람 및 사물에 대한 안전감이 부족하다. 그들은 상대적으로 시끌벅적한 모임에 가는 것보다 조용히 독서를 즐기며, 앞에 나서서 자신을 알리기보다는 무언가를 창조하는 일에 더 열심이다. 또 여럿이 함께 모여 머리를 맞대는 일보다는 혼자서 하는 일을 좋아한다.

내향적인 사람은 간단하고 단순한 일도 복잡하게 생각한다. 예를 들어 직장 동료들끼리의 평범한 모임에서는 인터넷에 떠도는 가십이나 얼마 전 개봉한 영화에 관한 것 등 가벼운 이야기를 주로 나눈다. 이때 사람들은 깊은 생각을 거치지 않고 생각나는 대로 말하는 편이다. 그런데 만약 이런 자리에서 내향적인 한 동료가 그 대화 주제에 대해 진지하고 깊이 있는 분석을 내놓는다면 어떨까? 동료들은 '왜 저렇게 진지해?', '재밌자고 하는 얘기인데 저렇게까지 심각할 건 뭐람?'이라고 생각할 수 있다. 내향적인 사람 중 많은 이가 시간과 정성을 들여 분석하고 관찰한 일에 대해 말을 꺼냈다가 융통성 없고 지루하다는 인상을 얻곤 한다.

내향적인 사람들은 어떤 일이 생겼을 때 일어날지도 모를 결과와 악영향을 정확하게 분석해내려고 한다. 그들은 과거와 현재뿐 아니라 미래의 경험까지 추측하여 진지하게 고민한다. 뿐만 아니라 물건 하나를 살 때도 머릿속으로 그것의 장단점을 반복적으로 비교하며 분석한다.

생각이 많은 그들은 가족이나 친구들에게 종종 놀림을 당하기도 한다. 왜냐하면 많은 사람들이 내향적인 사람은 사회적으로 칭송받고 존경받는 성공 인사가 아니라고 인식하기 때문이다. 이따금 내향적인 사람들은, 심지어 가장 가까운 사람들에게까지 쿨하지 못하고 통쾌하지 못하다는 평을 받는다. 이렇듯 생각이 '너무 많다'는 특징은 내향적인 사람들을 자주 힘들게 하며 대인 관계에서도 불안과 걱정을 더한다.

사실 사교 장소에서 내향적인 사람들은 매우 인내심 있고 적극적인 청중이다. 그런데도 많은 경우 이러한 장점은 빛을 발하지 못한다. 장점을 발휘하기 위해서는 어떤 점에 주의해야 할지 살펴보자.

• 장소 구분해서 발언하기

다른 사람들이 어떤 말을 하는지 잘 관찰하여 지금 내 생각을 말해도 될지 잘 판단해야 한다. 사람들의 안색이나 말투, 표정 등을 살피며 말하는 것도 매우 필요하다. 내향적인 사람들은 다른 사람의 마음을 잘 살피고 관찰을 잘하기 때문에 상대의 감정이나 기분을 잘 포착해낸다. 따라서 다른 사람의 말을 귀담아듣고 그에 따른 반응을 잘 할 수 있다.

만약 사람들이 가벼운 한담을 나누고 있다면 별 말을 덧붙이지 말고 그냥 고개만 끄덕여도 좋을 것이다. 당신에게는 별로였던 어떤 영화에 대해 상대방은 무척 재미있었다고 말한다면 거기에 굳이 어떤 말을 덧붙이지 않아도 된다. 사람들은 보통 이런 말에 정말 진지하고 열정적으로 대답하거나 토론을 벌이지 않는다.

• 생각을 실천에 옮기기

내향적인 사람들은 어떤 일이 생겼을 때 일단 머릿속으로 그 해결책을 찾으려고 한다. 하지만 머릿속 생각에만 너무 머물러 있으면 정작 행동으로 옮기려고 할 때 자꾸 망설이게 되고 별 진전을 보이지 못한다. 따라서 생각에만 빠져 있기보다 실천에 옮겨서 어려움을 극복해야 한다. 자신에게 필요한 임무를 수행하거나 친구 혹은 가족과 약속한 일이 있다면 그것을 행동으로 옮겨야 한다. 생각만 하다가 시간을 보내기보다 실제로 행동해야 더 큰 힘이 생긴다는 걸 잊지 말자.

• 자신 있게, 당당하게

내향적인 사람들은 자신감이 많이 부족하다. 일종의 잠재의식이 발동하기 때문이다. 생각이 너무 많은 그들은 어떤 일을 할 때 효과가 빨리 나타나지 않으면 쉽게 지쳐버린다. 그러나 포기하지 않고 계속 진행하면서 조금씩 자신감을 쌓아간다면 성공의 무지개를 생각보다 더 빨리 만날 수 있을 것이다.

자신감이 가득하면 어려움을 극복할 힘을 얻을 수 있고 용감하게 문제를 처리해 성공을 거머쥘 수 있다. 당신이 지닌 모든 능력은 자신감을 통해 밖으로 표출될 것이며 그로써 마침내 꿈꾸고 희망하던 목표를 이룰 수 있을 것이다.

꼼꼼함의
양면성 이해하기

진짜 문제는 성격적인 특징을 '문제'로
간주할 때 나타난다.

내향적인 사람들에게는 기본적으로 공통점이 많다.《외향적인 사람들의 강점》[4]에서는 내향적인 사람들을 이렇게 묘사한다.

'사색을 즐기고 문제를 깊이 있게 분석하며 냉철하게 파헤친다. 집중력이 매우 높고 창의성과 상상력이 풍부하다. 진지하고 책임감이 넘치며 약속한 일을 꼭 해낸다. 관찰을 잘하고 자극적인 것에 매우 민감하게 반응하며 경청을 잘한다. 이러한 특징 때문에 내향적인 사람들은 어떤 일을 처리하거나 사람을 사귈 때 세부적인 것에 신경을 많이 쓰며, 외향적인 사람에 비해 더 구체적이고 세밀한 것에 관심을 둔다. 때로는 이것이 장점이 되기도 하지만 단점이 될 때도 있다.'

내향적인 사람들은 세심함이라는 특징을 살려 보통 한 분야에서 전문성을 크게 발휘한다. 물리학에 집중한 아인슈타인, 소프트웨어 개발에 집중한 빌 게이츠, 그림에 집중한 반 고흐 등이 대표적인 예다. 이들은 자신이 집중하는 영역에서 자신만의 특징을 잘 발휘했고 이로써 세상이 놀랄 만한 성과를 거두었다.

당연한 이야기이지만, 내향적인 사람들이 세부적인 부분에 집중하는 특징이 있다고 해서 언제나 그것이 좋게만 작용하지는 않는다. 이런 특징 때문에 다른 사람들에게 인정이나 칭찬을 받지 못할 때도 있고 대인 관계나 업무에서 가끔은 불리한 입장에 처하기도 한다.

예를 들어 회사에서 중요한 프로젝트를 진행한다고 해보자. 이때는 정해진 일정에 맞추어 진행하는 것이 매우 중요할 것이다. 그런데 세부적인 사항에 너무 집중한 나머지 일이 잘 진행되지 않는다면 어떨까? 이럴 때는 내향적인 사람들이 지닌 세심함이라는 특징이 업무에 방해 요소가 되어버린다.

이렇듯 내향적인 사람의 세심함은 일상생활이나 업무에서 장점으로 작용할 수도 있고 단점으로 작용할 수도 있다. 단점으로 작용하는 상황에서 이런 점을 바꾸고 싶다면 마음속으로 수많은 생각을 한 뒤 여러 가지 방법을 통해 시도해야 한다. 이것은 혼자서 하기엔 매우 힘든 과정일 수 있기 때문에 주변에 도움을 구해보면 좋을 것이다.

내향적인 사람들이 변화를 시도할 때는 다른 사람들의 강력한 지지와 응원이 큰 도움이 된다. 사실 그들은 다른 사람들이 자신의 생각을 이해해주고 인정해주길 매우 바라며 자신에게 건설적인 의견을 들려주길 원한다. 그들은 마음이 통하는 친구에게라면 거리낌 없이 적극적으로 대화한다. 어떤 화제에 관해 깊이 대화하기 시작하면, 생각이 자극되어 문제를 해결할 이상적인 방법이 도출되고 더욱 유리한 결론에 도달하게 된다.

내향적인 사람들이 어떤 일을 할 때 장점을 잘 발휘할 수 있게 도우려면, 그들 스스로 더 꼼꼼하게 생각할 수 있게 일정한 자극을 주면 좋다. 그들은 약간의 시간만 주어지면 처음에는 다소 모호했던 생각을 확실하게 정리하고 소화해낸다. 대다수의 내향적인 사람들이 배움을 즐기고 이를 통해 스스로 충전하기 때문에 이런 점을 잘 활용하고 이끌어주면 좋은 결과를 낼 수 있다.

내향적인 성격으로 인한 지나친 꼼꼼함이 때에 따라 문제가 될 수도 있다는 걸 스스로 인식했다 하더라도 좌절할 필요는 없다. 그것을 스스로 계발할 기회로 삼으면 된다. 자신감을 키우고 사고방식을 개선하면 일상생활이나 업무에 점점 더 잘 적응하게 될 것이며 일을 처리하는 능력도 나아질 것이다.

문제를 처리하는 방식에는 좋거나 나쁜 방법을 구분할 수 없다. 다만 중요한 건 효과가 있느냐 없느냐다. '어떤 것이 가장 효과적일까?' 가장 좋은 방법은 상황에 맞게, 사건에 따라 다르게 생각하고 대응하는 것이다.

일상이나 업무에서 문제가 일어나면 그 일이 빨리 처리해야 하는 일인지, 꼼꼼함을 발휘하여 차근차근 처리해도 되는 일인지 냉정하게 구분해보자. 세부사항을 하나하나 확인하며 고민하는 일은 매우 중요하고 필요한 일이지만 시급한 프로젝트처럼 시간 다툼을 하는 일에서는 이야기가 조금 다르다. 그럴 때는 자신의 꼼꼼한 성격을 잠시 내려둘 필요가 있다.

내향적인 사람이 상황에 맞게 생각을 자유롭게 바꾸고 융통성을 발휘해서 대응하기란 쉬운 일은 아니다. 평소에는 잘 대응했더라도 일을 할 때는 도저히 안 될 수도 있다. 여기에도 역시 좋거나 나쁜 건 존재하지 않는다. 다만 각자 중요하게 생각하는 게 다를 뿐이다.

지나친 꼼꼼함은 엄밀히 말하자면 단점이 아니다. 진짜 문제는 성격적인 특징을 '문제'로 간주할 때 나타난다. 그러니 장소와 환경에 녹아들어 지금 내 생각이 적절한지 아닌지를 돌아보고 타인과 내가 속한 무리에 방해가 되지 않게 하면 된다.

다시 말하지만 내향적인 성격의 사람이 꼼꼼하고 세심한 특징을 잘 발휘하려면 그 주변 환경을 잘 살펴보아야 한다. 사람을 대할 때나 일을 진행할 때 자신의 특기를 살려야 할지 아닌지는 큰 그림을 살핀 뒤 결정해야 할 것이다.

02

남다른 성공을 이룬 사람들

빌 게이츠의
통찰력

통찰력은 에너지를 모으는 중요한 수단이자 방식이며
내면을 더욱 단단하게 만드는 요소이다.

마이크로소프트의 창시자인 빌 게이츠는 많은 사람들에게 공인된 전설적 인물이다. 어린아이처럼 순진해 보이는 그의 미소 뒤에는 믿기 힘들 정도로 뛰어난 비즈니스 안목이 숨겨져 있다. 실제로 그의 탁월한 지혜와 경영 전략은 세상을 뒤흔들 만큼의 힘을 지니고 있다. 깊은 통찰력과 명석한 두뇌를 토대로 내리는 의사 결정을 통해 그는 업계의 '모범'이 되었으며 많은 이의 추앙과 사랑을 받았다.

수많은 사람의 마음속에 빌 게이츠는 엔지니어와 기업가, 마케팅 전문가의 자질을 골고루 갖춘 인물로 자리하고 있다. 오랜 세월 그는 컴퓨터 업계에서 자신의 선견지명과 진면모를 고스란히 보여주었다. 선진 과학기술에 대한 깊이 있는 이해와 자원을 통합하는 독특한 경영 방법은 전문적인 영역에서 통찰력을 발휘해 기회를 선점하게 했고, 이로써 마이크로소프트가 정확한 방향으로 발전하도록 도왔다.

1995년 11월에 출간된 그의 저서 《미래로 가는 길》에는 그가 바라본 미래의 삶이 이렇게 묘사되어 있다. '언젠가 (그리 머지않은 미래에) 책상이나 의자를 떠나지 않고도 비즈니스를 하고 사물을 연구하며 세계 곳곳과 각종 문화를 탐구하는 날이 올 것이다. 앉은 자리에서 보고 싶은 예능 프로그램을 시청하고 친구를 사귀며 멀리 있는 친척에게 사진을 보낼 수 있게 될 것이다.' 알다시피 그의 예언은 이미 모두 현실이 되었다.

빌 게이츠는 성공한 인물 중 대표적인 내향적 성격의 사람이다. 그의 명석하고 정확한 통찰력은 세상을 감탄하게 했다. 그와 같은 사람들은 자신이 몸담은 업계의 세부 사항을 정확히 꿰뚫고 있어서 아무리 미세한 변화나 추세도 바로 직감하고 거기에 맞는 대책과 책략을 세운다. 모든 일에 주도면밀하고 완벽하길 원하기 때문에 해박한 전문지식과 독특한 혜안을 동원하여 업계의 미래와 자신이 나아가야 할 방향을 정확히 예측하고 판단한다.[1]

이러한 통찰력은 의식적인 훈련을 통해 길러지기도 하지만 본능에 의한 것이기도 있다. 내향적인 사람들은 자신의 관심 분야에 자연스럽게 주의를 기울이고 집중한다. 그 영역에 관한 모든 정보를 알고 싶어 하며, 앞으로 일어날, 혹은 이미 일어난 문제들을 정확히 분석하여 그에 맞는 '처방'을 내린다.

물론 빌 게이츠와 컴퓨터 소프트웨어 업계, 워런 버핏과 금융 투자 업계처럼, 모든 사람이 자기 적성에 딱 맞는 일을 찾아내 몸과 마음을 다 바쳐 열정을 쏟아낼 수 있는 건 아니다. 그렇지만 나에게 맞는 영역을 찾아내려는 노력을 끊임없이 기울이면 반드시 당신만의 열정과 장점을 발휘할 수 있을 것이다.

내향적인 사람들은 보통 속마음을 다른 사람에게 쉽게 털어놓지 않는다. 하지만 만일 자신의 재능이나 장점을 충분히 발휘할 영역을 찾으면 허심탄회하게 생각을 말하기도 한다. 그들에게 통찰력이란 에너지를 모으는 중요한 수단이자 방식이며 내면을 더욱 단단하게 만드는 요소이기도 하다.

그렇다면 이러한 통찰력을 키우려면 어떻게 해야 할까?

첫째, 자신의 판단력을 신뢰하고 논리적으로 사고하는 습관을 길러야 한다. 원래 내향적인 사람이 가장 신뢰하는 사람은 자기 자신이다. 하지만 때때로 외부의 평판에 너무 민감하게 반응해서 자신감을 상실하기도 한다. 그렇기 때문에 자아를 똑바로 인식하고 자신감을 길러야 한다. 통찰력을 기르기 위해서는 사물의 근원을 탐구하면서 문제의 본질을 찾아내는 연습을 해야 한다. 어떤 사건이든지 문제가 발생하면 우선 앞뒤 상황을 정리하면서 평정심을 찾아보자. 계속해서 훈련을 하다 보면 사물을 세심하게 관찰하는 능력과 통찰력을 기를 수 있을 것이다.

둘째, 평안함 가운데 창조적으로 사고하는 노력을 해야 한다. 내향적인 사람은 일반적으로 혼자 있기를 좋아하며 조용한 환경을 추구하는 경향이 있다. 이러한 환경은 사고의 깊이를 더하는 데 매우 효과적이다. 특히 일을 할 때 평안한 마음을 유지하면 새로운 환경에 적응하는 데 도움이 된다. 이러한 마음 상태가 사고에 활력을 불어넣기 때문이다. 아인슈타인, 뉴턴, 마르크스 등 세상에 이름을 알린 천재들의 경우 혼자 조용한 곳에서 생각하고 일하는 걸 즐겼다는 공통점이 있다.

셋째, 가치 있는 의견을 받아들여야 한다. 내향적인 사람은 대다수가 비교적 예민한 편이라서 다른 사람의 의견이나 평판을 중요하게 생각한다. 이때 그 의견을 이성적으로 판단하고 자세하게 분석하면 통찰력을 높일 수 있다. 사람은 모두 제각각이라서 생각이 모두 다를 수밖에 없다. 이를 잘 이해한 다음, 그중에서 가치 있는 정보를 단순하고 간단한 방식으로 받아들여보자. 다른 사람의 작은 의견이나 비난 때문에 위축되거나 망연자실할 필요가 없다는 점도 기억하자.

워런 버핏의
집중력

───────

내향적인 사람은 삶의 다른 문제로 마음이 나뉘거나
분산되는 것을 좋아하지 않는다.

내향적인 사람은 인격적으로 많은 장점을 지니고 있지만 다른 사람들은 그 사실을 잘 알지 못한다. 심지어 때에 따라 그들의 특징이 단점으로 비치기도 한다. 예를 들어 조용하고 혼자 있기 좋아하는 특징이, 단체 활동을 싫어하고 무리에 잘 섞이지 못하며 다른 사람들과 교제하길 꺼리는 등의 단점으로 생각되는 것이다. 하지만 사실 조용하고 혼자 있기 좋아하는 특징은, 그런 환경 속에서 자신의 일에 더 큰 집중력을 발휘하는 등의 장점으로 드러난다고 보는 것이 맞을 것이다.

내향적인 사람은 삶의 다른 문제로 마음이 나뉘거나 분산되는 것을 좋아하지 않는다. 그들은 대인 관계가 단순할수록 좋다고 생각하는데 그들에게 만족을 주는 관계는 보통 관심사가 같거나 전문적인 모임이다. 그들은 복잡한 인간관계를 특히나 싫어하는데 그것이 시간 낭비, 에너지 소비로 느껴지기 때문이다. 그들은 자신의 관심 영역에 깊이 빠지는 편이며 거기에 고도의 집중력을 발휘하여 생각의 불꽃을 터뜨린다.

워런 버핏의 이야기를 다룬 다큐멘터리 〈워런 버핏이 된다는 것〉**2**은 많은 이들의 사랑을 받았다. 버핏은 부자를 꿈꾸는 전 세계 사람들에게 신화 같은 존재다. 이 다큐멘터리에는 부자가 되기 위해 필요한 요소가 간단하면서도 직접적으로 소개된다. 그 비결은 모든 사람들이 알고 있는 너무나 흔하지만 중요한 요소, 바로 '집중'이다.

어릴 적 버핏의 일주일 용돈은 5센트에 불과했다. 용돈이 부족하다고 느낀 그는 다섯 살부터 돈을 벌기 시작했다. 처음에는 코카콜라나 껌을 팔았고 우편물을 배달하기도 했다. 성격이 내향적이고 조용했던 그는 새벽 대여섯 시에 문을 나섰다. 그 시간에는 간섭하거나 귀찮게 하는 사람이 없었다. 그는 이렇게 말했다. "그 시간에는 내가 사장이었다!" 매일 500부 정도의 신문을 배달했고 한 부당 배송비는 1센트였다. 당연히 아주 미미한 금액이었지만 매일 모으다 보니 금세 수백 달러가 되었고 심지어 몇천 달러를 모은 적도 있었다. 어릴 때부터 돈을 모으는 게 좋았던 그는 열한 살에 투자를 배우기 시작했고 대학도 가지 않은 열여섯 살에 무려 5만 3,000달러를 모았다.

한편 그의 생활은 매우 단순하고 소박했다. 한 번도 아침식사 비용으로 3.17달러 이상을 써본 적이 없었다. 출근길에는 주로 맥도널드를 이용하고는 했다. 세계적으로 촉망받는 유명인사가 롤스로이스, 벤틀리 같은 고급 승용차가 아닌 8년 된 캐딜락을 타고 다녔다. 그는 여전히 1958년에 매입한 집에 50년을 넘게 살면서 3만 달러만을 소비했다. 그 주변 집들은 폭발적인 인기를 얻었는데 부동산 중개인들이 손님들에게 '버핏의 이웃이 될 수 있습니다'라고 홍보했기 때문이었다.

버핏은 세계적으로 성공한 금융 투자자였지만 이 천재의 삶은 실로 '저효율'이었다. 그는 집 안의 전등 스위치를 제대로 찾지 못했고 벽의 색도 잘 구분하지 못했다. 게다가 얼마나 짠돌이였는지 쿠폰을 사용해 빌 게이츠에게 맥도널드 버거를 대접한 일은 이미 유명인들 사이에 널리 회자되는 우스갯소리가 되었다.

이렇듯 버핏은 의식주에 대한 요구치가 낮은 편이다. 그는 오롯이 자신이 좋아하는 일, 즉 돈 버는 일에 주의를 집중했다. 남에게 자랑하거나 으스대기 위해서가 아니라, 스스로 좋아했고 취미와 전공이 잘 맞아떨어졌기 때문이었다. 그는 돈을 번 후에도 자신을 위해 사용하는 금액이 수익의 1퍼센트 이상을 넘기는 일 없이 모두 자선사업에 기부했다.

버핏은 시간을 함부로 낭비하는 사람이 아니었고 좋아하지 않는 일, 잘 못하는 일 때문에 고민하거나 괴로워하지도 않았다. 그는 자신이 좋아하는 일에 온 마음과 정신을 쏟았다. 대다수 내향적인 사람은 이러한 집중력과 의지력이 있다. 비록 모든 사람이 그처럼 세계적인 인사가 될 수는 없겠지만 태도와 방법은 충분히 배울 수 있을 것이다.

그렇다면 내향적인 사람 중 훌륭한 기업가를 꿈꾸는 사람들은 어떻게 자기 장점을 활용해야 할까?

첫째, 자신을 잘 다독임으로써 집중력을 높여야 한다. 스스로 격려한다면 마음이 분산되는 걸 막을 수 있다. 다른 사람의 인정과 확인을 기다리지만 말고 스스로 격려함으로써 목표를 달성해보자. 그렇게 하면 더욱 높은 효율을 낼 수 있을 것이다.

둘째, 냉정과 침묵, 경청을 활용해야 한다. 일반적으로 외향적인 사람은 모임에서 주도적인 역할을 하고 싶어 한다. 하지만 내향적인 사람은 조용히 주변 사람들이 하는 말을 귀담아듣는 편이다. 탁월한 리더는 스스로 나서는 사람이 아닌 사람들을 북돋아주고 의견을 잘 취합하는 사람임을 기억하자.

이는 기업 경영자에게도 중요한 요소이지만 일반 직원이나 팀에게도 중요한 요소다. 내향적인 기업가도 문제를 해결하고 기업의 장기적인 발전을 이끄는 데 아주 탁월한 인재라는 점을 간과해서는 안 된다.

무협소설의 대가,
진융의 독립성

냉정하게 사고해야 하고
타인에게 쉽게 의지해서는 안 된다.

　무협소설의 대가 진융金庸 작가는 평생 작품을 통해 풍류와 절개
가 넘치는 무림의 호걸은 물론 국가와 민족을 위해 희생한 무협 영
웅 등과 같은 강호江湖의 인물을 많이 탄생시켰다. 사실 그 역시 매
우 내향적인 사람이어서 평소 말수가 매우 적었다. 모두가 알다시피
그는 독서를 매우 좋아해 늙어서도 손에서 책을 놓는 일이 없었다.
은퇴 후에는 외국으로 유학을 떠나까지 했다.

　한편 그는 매우 성공한 언론인이자 출판계의 거물이기도 했다. 중
요한 의사 결정을 할 때마다 그는 자신만의 견해를 올곧게 주장하
면서 자신의 사업에 집중했다. 1950년대에 홍콩의 일간지 〈대공보大
公報〉를 떠나 〈명보明報〉사를 설립했는데, 민감한 성격과 자주적인
의식의 영향을 많이 받은 것이었다.[3]

〈명보〉를 설립한 이후 그는 한 번도 다른 사람에게 기댄 적이 없었다. 편집과 글쓰기, 발행은 물론 자금까지 스스로 해결했다. 그의 두 번째 부인은 가지고 있던 모든 장신구를 팔아 남편의 창업을 지원했는데, 그 시기는 진융 인생에서 가장 험난한 암흑기였고 일에 미쳐 살던 때였다. 그는 혼자서 몇 부의 원고를 썼고 1면의 시사평론까지 담당했다. 그는 소설가로서의 천재적인 소질과 사회 현상에 관한 깊은 이해와 견식에 근거해, 〈명보〉를 당대 보기 힘든 날카롭고 참신한 생각을 지닌 민영 잡지사로 키워갔다. 마침내 〈명보〉는 홍콩 최대 언론사로 성장했고 1991년 성공적으로 홍콩증권거래소에 상장됐다.

대다수의 내향적인 사람들은 좌절을 겪거나 억울한 일을 당하면 그 부정적인 정서를 가족이나 친구들에게도 털어놓지 않고 혼자서만 끌어안고 있으려고 한다. 왜냐하면 자신의 원망과 불평을 진심으로 들어줄 사람도 없고 설령 털어놓는다고 해도 문제를 해결할 수 없을 테니 차라리 침묵하면서 조금씩 소화하는 게 낫다고 생각하기 때문이다.

그런데 만약 문제를 해결할 새로운 방법을 찾으면 이전의 부정적인 에너지를 앞으로 나아갈 동력으로 삼는다. 진융은 가장 힘들었던 시기에 〈명보〉 사업을 일으켰을 뿐 아니라 최고의 경지에 이른 무협소설을 써내려갔다. 그의 작품에는 자신의 경험과 인생에 대한 깨달음이 자연스럽게 묻어난다. 재미있는 건 소설 속 인물들에 그의 개인적인 성격, 즉 내향성이 그대로 반영되어 있다는 점이다.

예를 들어 《사조삼부곡射鵰三部曲》이라는 작품에 등장하는 곽정, 양과, 장무기 세 사람은 모두 내향적인 성향을 지녔다. 어릴 적 눈에 띄는 자질도 없고 말수가 적었던 곽정은 몽골 지역의 초원 같은 낯선 환경에서 성장한다. 그는 누가 봐도 내향적인 사람이었다. 나중에 강남칠괴江南七怪에게 무공을 배우긴 했으나 몇몇 성격이 괴팍한 사부들과 말을 거의 섞지 않았고 배움의 속도도 매우 느렸다. 하지만 마옥馬鈺과 홍칠공洪七公이 곽정의 장단점을 헤아려 그 기질에 따라 무공을 가르치며 학습 방법을 천천히 터득하게 했다. 그로써 곽정은 조금씩 기술을 연마해 무공을 터득할 수 있었다.

양과의 경우 풍류가 넘치고 말을 잘하며 웃기를 잘하니 외향적인 성격의 인물이라고 생각하는 사람이 많다. 하지만 양과는 매우 고독한 어린 시절을 보내 마음에 아픔과 상처를 많이 담아두고 사는 사람이었다. 많은 경우 그의 웃음과 분노는 모두 일부러 지어낸 모습이었다. 어릴 적 부모를 모두 잃은 그는 갖은 모욕과 멸시를 받으며 슬픔과 연민 속에 어린 시절을 보낸다. 오랜 시간 남의 집에 얹혀살았던 그는 단란하고 세간의 존경을 받는 곽정의 집안을 보면서 속으로 부러움을 느끼고 아픔을 삼킬 수밖에 없었다. 항상 내향적이었던 그는 마침내 무공의 절정에 이른 뒤에도 16년 동안 가면을 쓰고 다닌다. 늘 소용녀小龍女라는 여인을 찾아 방방곡곡 헤매고 다니는 그는 의협심을 발휘하며 무술을 행하고 다니면서도 외부 사람과의 접촉은 거의 없었다.

어릴 때부터 해외에서 생활했던 장무기는 외부인과의 접촉이 없었다. 중원中原으로 돌아온 후에 부모의 상을 당하고 혼자 강호에 남겨진 그는 갖가지 복잡하고 어려운 일을 만나게 되고 뜻밖의 만남을 통해 죽음의 위기를 벗어나게 된다. 장무기는 곽정처럼 완전히 과묵하고 낯을 가리는 인물은 아니었지만 순박하고 착한 사람이었다. 진융은 곽정과 장무기 곁에 각각 황용黃蓉과 조민趙敏이라는 총명한 여인을 두어 성격을 보완하게 했다.

내향적인 성격을 지녔던 이 무협의 고수들은 생각이나 행동이 모두 매우 독립적이고 자주적이었다. 그들의 삶은 아주 단순했고 요구하는 바도 대단한 것이 아니었다. 하지만 반드시 해야겠다고 생각하고 결정한 일은 어떻게든 끝까지 완성했다. 이것이 바로 내향적인 성격의 전형적인 특징이며 소설 속 주인공들이 많은 사람의 사랑을 받고 독자들의 호응을 얻은 이유였다.

곽정은 다소 둔한 면이 있었지만 작가 진융은 그를 가장 매력 있고 성공한 역할로 그려냈다. 그런데 인격과 의협심을 두루 갖춘 그의 품성은 하루아침에 단련된 것이 아니었다. 어릴 때부터 곽정은 우수한 기질을 타고 났다. 사실 강남칠괴의 무공은 그리 대단한 편이 아니었지만 그들의 의협심과 불굴의 기개만큼은 곽정에게 긍정적인 영향을 주었다. 일례로 약속 하나를 지키기 위해 칠괴는 강남에서부터 몽골에 이르기까지 18년의 세월 동안 곽정을 보호하고 지켜준다. 곽정은 소년 시절 목염자穆念慈를 보러 갔을 때 무공이 변변치 않았던 탓에 양강에게 무시를 당한다. 분명 그는 양강의 상대가 되지 않았지만 그럼에도 전혀 위축되지 않고 오히려 그에게 손을 내밀었다. 볼품없는 거지에 불과했던 황용에게는 아무런 편견 없이 먹을 것을 성대하게 대접하기도 했다. 그리고 그녀의 고상하고 아름다운 말투와 품행에 매료되어 옷과 돈, 말을 선물해 그녀를 감동하게 했고 결국 둘은 평생의 반려자가 되기로 약속한다. 곽정의 고상하고 다정한 품성을 잘 보여주는 대목이다.

한때 곽정은 '무공을 배워서 대체 무엇하나'라는 생각으로 고민하고 괴로워한다. 이렇듯 다소 둔하고 순진한 보통의 소년은 어른이 되어서까지 독립적이고 자주적인 인격을 유지한다. 일련의 사건을 겪고 난 다음에야 그는 비로소 끝까지 의협심을 지키고 자기 생각을 고수하겠다는 다짐을 하게 되고 마지막으로 양양襄陽(중국 후베이성 북부에 있는 도시-옮긴이)으로 가서 적군의 침략으로부터 나라를 지킴켜 꿈을 실현한다.

현실에서 내향적인 사람이 업무 효율을 높이는 가장 좋은 방법은 혼자서 일하는 것이다. 그들은 혼자서 일할 때 창의력을 더 많이 발휘한다. 그들은 민감한 사고와 굳건한 의지, 어려움을 이겨내는 인내와 놀라운 잠재력을 지녔다. 언뜻 단점으로 보일지라도 그것을 잘 활용하기만 하면 충분히 자신의 개성을 펼칠 수 있고 뜻을 함께하는 사람을 만나면 얼마든지 앞으로 나아갈 수 있다.

그렇다면 독립성을 키우기 위해서는 어떻게 해야 할까?

첫째, 냉정하게 사고해야 하고 타인에게 쉽게 의지해서는 안 된다. 내향적인 사람들은 보통 명예나 권력을 추구하지 않는다. 개성이 뚜렷하고 대중의 뜻을 맹목적으로 따라가지 않으며 잘 모르는 분야에 관해서는 자신의 의견을 쉽게 내놓지 않는다. 반대로 친숙한 영역에서는 전문적인 판단을 내리며 자기만의 독특한 견해를 내놓는다.

둘째, 얕고 넓은 지식보다는 깊고 전문적인 지식을 쌓아야 한다. 내향적인 사람의 독립적인 견해와 생각은 전문적인 측면에서 잘 나타난다. 그들은 자신의 취미 혹은 관심이 있는 분야에 남다른 주의를 기울이며 그에 관한 지식이나 능력도 뛰어난 편이다. 만약 얕고 넓은 지식을 가지고 자신의 독립적인 견해를 펼치려고 한다면 종종 난관에 봉착할 것이다.

셋째, 창의성을 간과해서는 안 된다. 내향적인 사람의 창의성은 예술가에 가까울 정도로 뛰어나다. 그 점을 발휘하여 문제를 해결할 최고의 솔루션을 제시해내는 인재로 충분히 활약할 수 있다.

나폴레옹의
의지력

역경을 견뎌내는 인내가
강한 의지력을 만들어냈다.

내향적인 사람들의 주된 성공 요인은 자신의 내재적 힘을 잘 발휘한 데 있다. 세상의 모든 사람은 무한한 잠재력을 지녔다는 말을 한 번쯤은 들어봤을 것이다. 사람들이 주목하지 않는 사람일수록 그에게서 놀랄 만한 폭발력과 의지력, 집중력과 사고력이 나온다. 그는 한번 결심하면 아무리 오랜 시간이 걸려도 결국 최고의 성과를 거두어낼 것이다.

프랑스 역사상 가장 유명한 황제 나폴레옹은 외딴 시골의 가난한 집안 출신이었다. 어릴 적 그는 성격이 매우 내향적이었지만 배우는 걸 무척 좋아해 새로운 지식을 잘 습득했다. 가난에서 벗어나기 위해 일찍부터 사업을 시작하기도 했다.

나폴레옹의 아버지 카를로는 가난했지만 독서를 좋아하는 아들을 위해 책을 사는 데 돈을 아끼지 않았다. 나폴레옹이 열여섯 살이 되었을 때는 모진 마음을 먹고 그를 브리엔느에 있는 육군사관학교에 보냈다. 그곳에 다니는 학생들은 모두 부유한 집안의 자식들이었고 그들은 나폴레옹에게 식민지*에서 온 하층민이라면서 무시하고 놀려댔다. 나폴레옹은 수치와 모욕감을 느꼈지만 참는 것 외에는 달리 방법이 없었다. 더 열심히 공부에 매진하며 실력을 키워야겠다고 생각할 뿐이었다. 그렇게 몇 년이 흐른 뒤 그는 우수한 성적으로 파리의 사관학교에 진학하여 포병학炮兵學을 수학했다. 하지만 얼마 지나지 않아 아버지가 세상을 떠나면서 가세가 기울어 결국 학교를 떠나게 되었다.

그 후 나폴레옹은 젊은 포병장교를 위한 훈련기관인 라 페르La Fere 연대에 포병소위로 임관했다. 연대 안의 많은 동료는 시간이 나면 여자를 따라다니거나 도박을 했지만 그는 늘 독서를 하며 새로운 기회를 모색하는 데 힘썼다. 군부대 출신이라 돈을 내지 않고 도서관에서 책을 빌릴 수 있었던 덕분에 많은 양의 독서를 하면서 지식을 쌓았다.

작고 허름한 집에서 살았지만, 그의 말에 따르면, 그가 쓴 독후감만 책으로 엮어도 400페이지가 넘을 정도였다. 그는 총사령관이 된

---

* 나폴레옹의 고향 코르시카는 역사적으로 오랜 기간 이탈리아의 영토였다. 고대 로마인과 중세시대 제노바 및 피사 등의 도시국가가 해당 섬을 점령했다가 나폴레옹이 태어난 1769년에 프랑스에 편입되었는데 당시는 새로운 식민지에 속했다.

자신의 모습을 상상하며 고향 코르시카의 지도를 그린 뒤 어디에 방위 시설을 세워야 할지 수학적으로 정확하게 계산해서 표기하기도 했다.

이 과정을 통해 충분히 준비가 된 그는 일단 기회만 주어지면 날개를 펴고 곧바로 날 수 있는 상태가 되었다. 그러던 어느 날 나폴레옹의 학문을 눈여겨본 장관이 그를 훈련장으로 보내 전쟁 전 작전을 세우는 일을 맡겼다. 매우 복잡한 계산 능력이 필요한 작업이었지만 그는 훌륭하게 일을 해냈고 그 일을 시작으로 점차 군부대 안에서 두각을 나타내게 되었다. 그러자 모든 것이 바뀌었다. 그를 비웃던 사람들이 모두 그의 앞으로 몰려들었고 그를 무시하던 사람들이 모두 그와 친구가 되길 원했다. 키가 작고 쓸모없는 사람이라고 놀려대던 사람들도 이제는 그를 존경하기 시작했다. 나폴레옹의 지위가 올라가자 사람들은 그를 더욱 따르기 시작했다.

내향적인 사람이 마음을 먹고 어떤 일을 시작하면 몸과 마음의 모든 잠재력이 한데 집중된다. 산수山水가 모여 하천을 이루고 강과 바다를 만드는 것처럼 그들의 능력은 감히 누구도 무시하지 못할 만큼 거대해진다. 그렇다면 그들이 어려움을 이겨내고 최종적으로 성공을 거둘 수 있게 한 중요한 요소가 무엇일까?

첫째, 역경을 견뎌내는 인내가 강한 의지력을 만들어냈다. 청소년 시기의 슬픈 기억, 부정적인 사고는 사람을 억압하고 짓누른다. 비교적 연약하고 능력이 부족한 이 시기에 내향적인 성격의 사람들은 현실에 반항하지 못하는 대신 초인적인 인내심과 의지력으로 버텨낸다. 오랜 시간 그것을 소화하다 보면 일부 부정적인 정서가 오히려 긍정적인 의지력과 결합하여 마침내 그들에게 성공을 가져다주는 밑거름이 된다.

둘째, 깊이 생각하는 힘이 성공의 관건이 되었다. 사고력은 내면의 지혜를 개발하는 데 매우 중요한 토대가 되며 지혜는 성공을 향해 나아갈 수 있게 하는 강력한 무기가 된다.

셋째, 굳은 의지로 끝까지 성공을 향해 달려갔다. 동서고금을 막론하고 수많은 성공 사례를 통해 우리는 끝까지 버티기만 하면 완벽한 성공은 아니더라도 그에 상응하는 성과를 거둘 수 있다는 사실을 알 수 있다. 내향적인 사람은 추구하는 목표가 매우 뚜렷해서 거기에 온몸과 정신을 집중한다. 그들은 온갖 괴로움도 감수해내며 좌절 앞에서도 한마디 불만 없이 조용히 몸과 마음의 지혜를 끌어모아 마침내 꿈을 실현할 그날을 기대하며 기다린다.

주성치의
꿈을 향한 노력

내향적인 성격의 사람들은 꿈을 향한 내면의 집착이나
의지가 다른 사람보다 더 강하다.

'희극 왕'이라는 별명을 가진 배우 주성치는 어릴 때 부끄러움을
정말 많이 타는 아이였다. 하지만 자신의 성격 때문에 배우의 꿈을
포기한 적은 단 한 번도 없었다. 그가 주연으로 출연한 영화 〈희극
지왕〉에는 주인공 사우가 하늘을 향해 "포기하지 말자! 파이팅!"이
라고 외치는 장면이 나오는데 이는 주성치 자신의 모습을 그대로 재
연한 것이기도 했다.

주성치는 가난한 한 부모 가정에서 자랐다. 어머니는 어릴 적 개
구쟁이였던 그를 다소 엄하게 가르쳤다. 그것은 사랑에서 비롯한 양
육이었고 올바른 길로 인도하기 위한 훈계였다. 후에 주성치는 연기
학원에 다니다가 영화계에 입성하게 되는데, 많은 친구와 동료를 알
고 지냈지만 그에게는 늘 엑스트라 역할만 주어졌다. 하지만 그는

결코 포기하지 않고 기회를 잡기 위해 더 열심히 노력했다. 사람들의 주목을 끌기 위해 더욱 과장된 행동으로 연기했고 마침내 모두가 인정하는 희극 스타가 되었다.

인기가 많아지면서 점점 더 사람들의 관심을 많이 받게 되었지만 언제나 그는 배우가 될 때 가졌던 초심을 잃지 않으려 했다. 그가 작업할 때 괴팍하면서도 엄격한 행동을 하는 이유는 자신의 꿈을 향한 집착 때문이었다. 그렇지만 모든 사람이 주성치의 그러한 성격을 다 알고 이해하는 건 아니었다.

주성치가 주연으로 출연한 〈서유기 : 선리기연〉의 감독 유진위는 그에 관해 이렇게 말했다.

"사람들은 그와 같은 대스타는 인정도 없고 대범할 거라고 많이 오해하는데 사실 주 배우는 정말 부끄러움을 많이 타는 사람이에요. 〈서유기 : 선리기연〉을 찍을 때 저는 그가 빗자루를 들고 직원들과 함께 현장을 청소하는 모습을 많이 봤어요. 한번은 촬영을 마치고 작품에 관해 저에게 하고 싶은 말이 있었는지 몰래 제 호텔 방문 사이로 종이쪽지를 들이밀고 가더라고요. 사실 스타들은 낯선 사람과 접촉하는 걸 두려워하는 마음이 있어서 먼저 적극적으로 나서지 않아요. 그래서 사람들이 많이 오해를 하죠."

당시 서른 살을 갓 넘긴 주성치는 세계적으로 이름을 알린 대스타였음에도 이러한 모습을 지니고 있었다.

배우 오군여와 주성치는 데뷔 전부터 서로 알고 지내던 사이로,

두 사람은 세간에 이름을 알리기 전에 작품을 같이 한 적 있었다. 둘의 사이는 다른 사람들에 비해 많이 가깝고 편했는데 오군여는 그에 대해 이렇게 평가했다.

"작품에 대한 요구 사항이 높은 편이지만 악의는 절대 없어요. 하지만 그런 성격은 사람들에게 오해를 사기 쉽죠."

사실 주성치처럼 꿈과 이상에 특히 집착하는 사람은 자기와 다른 사람에 대한 요구치가 높은 편인데, 이는 전형적인 예술가의 기질을 잘 보여주는 대목이기도 하다.

영화계에 발을 들인 이후로 그의 꿈은 현실이 되었고 심지어 그 중에서도 가장 성공한 사람이 되었다. 그는 모든 기회를 갈망했고 그 기회를 통해 자신의 꿈을 이루기 위해 부단히 노력하고 전진했다. 평범했던 사람이 오로지 자신만의 노력으로 성공을 이룬 전형적인 사례다.

자신의 꿈을 위해 특별히 매진한 또 한 사람이 있었으니, 바로 세계적으로 유명한 영화감독 이안李安이다. 이안은 재능 넘치는 감독이자 제작자다. 그는 어릴 때부터 작품 만들기를 좋아해서 중학교 시절 연극을 만들기도 했고 관심 있는 학생들을 집으로 불러 함께 연습을 하기도 했다.

중학교 교장이었던 그의 아버지는 매우 엄격하고 전통적인 타입의 가장이었다. 한때는 이안의 취미에 큰 불만을 느껴 부자 관계가 소원해지기도 했었다.

작품 만들기와 연출에 흥미가 있었던 탓에 학업을 다소 소홀히 한 이안은 수능 시험에 낙방했다. 그래도 예술 전문학교의 연극영화과로 들어가서 계속 작품을 만들며 연출을 했다. 성격이 매우 내성적이었지만 좋아하는 영역에서만큼은 적극적으로 나섰다. 그는 동양의 고전물이나 서양의 현대물에 이르기까지 두루 정통해서 많은 이들이 그와 대화하는 걸 좋아했다.

그 후로 미국 일리노이대학으로 유학을 떠나 연극영화를 전공했고 2년 뒤 석사학위를 받으며 졸업 작품을 찍었다. 타이완으로 돌아온 즈음에는 영화 산업이 전반적으로 불경기를 겪고 있어서 6년 동안 암흑기를 보내기도 했다. 그 기간에 그는 결혼을 하고 다른 일자리를 찾아보았는데 주로 문학예술과 관련된 것이었다. 회화나 소설, 경극, 성악, 심지어 무용까지, 어떻게든 출구를 찾기 위해 다방면으로 시도했다. 이는 훗날 그의 영화 사업에 엄청난 도움과 자산이 되었다.[4]

이를 악물고 힘들게 버텨낸 6년 동안 할 수 있는 일을 모두 시도해보았지만, 결국 발견한 것은 '나는 정말 감독밖에 할 수 있는 일이 없다. 다른 일엔 젬병이다'라는 사실이었다. 이안이 가장 힘들고 어려웠던 시절, 집안의 생계는 모두 부인이 책임졌다. 당시 힘들었던 때를 회고하며 이안은 이렇게 말했다. "정말 성공하지 못했다면 한 남편으로서, 한 남자로서 최선을 다하지 못한 수치심에 세상을 떠났을 것이다."

마침내 그는 삶의 모든 경험을 녹여낸 첫 작품 〈푸싱핸드〉를 제작해 관객들에게 선보였다. 아들과 아버지의 소원한 관계와 동서양의 문화 차이를 풀어낸 작품이었다. 〈푸싱핸드〉는 타이완 골든 홀스 어워드에서 최우수 남우주연상, 최우수 여우주연상, 최우수 감독상을 수상했고, 아시아 태평양 어워드에서 최고 영화상을 받는 영예를 안았다.

모든 사람은 꿈을 꾼다. 비현실적인 꿈도 있겠지만 어떤 꿈은 끊임없는 노력을 통해 현실이 되기도 한다. 내향적인 성격의 사람들은 꿈을 향한 내면의 집착이나 의지가 다른 사람보다 더 강하다. 그렇다면 대다수 보통의 내향적인 사람들은 어떻게 하면 자신의 꿈과 신념을 이뤄갈 수 있을까?

첫째, 완강한 의지로 좌절을 이겨내라. 꿈을 좇는 가운데에는 좌절과 실패가 없을 수 없다. 역사적으로 위대한 유명인들도 결코 예외는 아니었다. 내향적인 사람은 좌절을 겪는 것에 비교적 거부감과 공포감을 느끼며, 그것은 꿈을 향해 나아가는 데 방해가 되기도 한다. 하지만 완강한 의지로 계속 버텨내면 장애물은 얼마든지 극복할 수 있다.

둘째, 정확한 방향을 설정하라. '선택이 노력보다 중요하다'는 말이 있다. 여기서 선택이란 노력의 방향을 뜻한다. 만약 잘못된 방향을 설정한다면 아무리 노력해도 인생은 길을 잃게 되고 목표는 점점 멀어질 것이다. 이른바 꿈이라는 것은 높고 원대하면서도 지극히 현실적이다.

조앤 롤링의
상상력

창작을 통해 작은 사람이 커지기도 하고
진실이 허구가 되기도 하며 고대에서 미래로 넘어가기도 한다.

내향적인 사람들의 힘의 원천은 내면에서 시작된다. 그들의 사유 세계는 매우 광활하고 상상력도 뛰어나다. 남다른 사유와 상상력 덕분에 그들은 끊임없이 무언가를 창작하기도 하는데 이는 성공이나 실패 여부와 상관없이 이루어진다. 창작을 통해 작은 사람이 커지기도 하고 진실이 허구가 되기도 하며 고대에서 미래로 넘어가기도 한다. 지구가 우주로 변하기도 하며 하늘이 바다가 되기도 하는 등 상상과 창작의 세계는 실로 무한하다.

《해리 포터》시리즈의 작가 조앤 K. 롤링 역시 매우 내향적인 사람이다.[5] 그녀는 밑바닥부터 시작해 각고의 노력을 통해 성공한 작가다. 이름을 알리기 전에는 낡은 집에 살면서 정부 보조금을 받으며 삶을 꾸려나갔다. 지나치게 단순하고 천진한 그녀는 머릿속이 온통 환상으로 가득했는데 남편은 종일 작가가 되는 꿈만 꾸는 그녀를 결국 참아내지 못하고 태어난 지 세 달밖에 되지 않은 어린 딸을 두고 그녀와 이혼을 해버렸다. 그들이 이혼한 날은 서른을 바라보는 그녀에게 거의 지구 종말의 날과 같았다. 너무 힘들어 자살을 결심한 적도 있었지만 어린 딸을 두고 차마 그렇게 할 수는 없었다. 그녀에게 남은 것이라곤 충만한 상상력 외에는 아무것도 없었다.

돈이 없어 난방비를 내지 못한 그녀는 커피숍으로 가서 책을 읽고 글을 썼다. 당시 그녀는 로웰 톨킨의 《반지의 제왕》을 늘 품에 지니고 다녔다. 돈이 모자라 커피숍에 가지 못할 때는 기차역이나 지하철역 같은 사람 많고 따뜻한 곳에서 오랫동안 머물렀다. 《해리 포터》에는 해리가 태어난 지 얼마 되지 않아 부모를 잃고 지하철, 기차가 다른 세상으로 통하는 창구가 되는 줄거리 등이 나온다. 이런 소재는 모두 롤링의 경험을 바탕으로 한 것이다.

롤링은 정말 착하고 감성적인 여인이다. 그녀는 늘 자신이 좋아하는 텍스트와 하늘을 나는 환상에서 삶의 의미를 찾아내고는 했다. 비록 《해리 포터》가 판타지 소설이지만 그 안에 사람들의 인정과 친구의 우정 등 따뜻한 요소가 넘쳐나는 이유다. 실패와 좌절은 종종 인생의 전환점이 되기도 한다. 인생에서 가장 힘들 때 오히려 사람의 잠재력이 가장 폭발적으로 발휘되기 때문이다. 해리 포터의 이야기뿐 아니라 작가로서 그녀의 삶도 그랬다. 롤링은 인생의 낭떠러지에서 이를 악물고 버티면서도 마음속에 아름다운 기억을 간직했다.

어린 시절 숲에서 뛰놀았던 기억, 여행 중에 기차 안에서 만났던 어린 소년 등 아주 작고 미미한 것들이 그녀의 상상력을 자극하는 요소가 되었다.

그녀는 자신이 텍스트 속에서 비상한다는 느낌을 받았다. 작품을 읽어본 사람은 알겠지만 그 속에 등장하는 마법의 세계는 정말이지 감탄을 금치 못하게 한다. 각종 신기한 동물은 물론 온갖 마법 도구, 선과 악, 정의 등 그녀 손에서 탄생한 인물과 요소들은 현실처럼 너무나 생생해서 깊은 감동을 준다.

《해리 포터》는 출간된 후 영국에서 엄청난 반향을 일으켰고 롤링은 이 작품으로 어린이 도서상을 받게 되었다. 그리고 미국의 워너 브라더스픽처스가《해리 포터》시리즈를 영화로 제작해 상영하면서 전 세계 대부분의 지역은 모두 그녀가 창작한 '마법 세계'에 빠지게 되었다. 그녀의 작품은 온 세계를 떠들썩하게 했다. 그녀는 한 번도 상상해보지 못한 영예를 떠안으며 세계에서 가장 부유한 작가 중 하나가 되었다. 그녀는 한 매체와의 인터뷰에서 힘들었던 때를 회상하며 이렇게 말했다. "정말 힘든 시기를 지났어요. 거기에서 벗어난 제가 참 자랑스러워요."

롤링의 실제 경험은 내향적인 사람들에게 많은 본보기가 된다. 대다수 내향적인 사람은 문자와 관련한 일을 하거나 예술계에 종사한다. 그들은 구상을 잘하고 자신의 인생 경험이나 꿈을 구체적으로 잘 그려낸다. 나중에 하버드대학 연설에서 롤링은 상상력의 중요성에 관해 이렇게 언급했다.

"상상력은 인류가 생각해보지 않은, 존재하지 않는 사물을 생각해내는 독특한 능력입니다. 모든 발명과 창작의 근원이 되기도 하고요. 상상력은 인류가 현실을 바꾸어 살아내게 하는 능력이자 다른 사람의 아픔을 공감하게 하는 능력입니다."

내향적인 사람은 머릿속의 생각을 실천으로 옮겨야만 비로소 그 진가를 발휘할 수 있다. 그들의 예술적 세포는 깊은 내면의 체험과 깨달음에서 비롯된 것이며 이 세상에 대한 깊이 있는 통찰력에서 기인한다. 그것을 다시 현실에 돌려주면 사람들에게 많은 감동과 교훈을 주고 심지어 많은 사람들에게 도움이 되기도 한다. 하지만 만일 그러한 깊은 통찰과 생각이 물질적인 것에만 멈춰 있다면 도리어 아무런 가치를 발휘하지 못할 것이다. 그렇다면 이러한 상상력은 어떻게 길러내야 할까?

첫째, 예술적 경험을 많이 쌓아야 한다. 사유 능력은 인생의 경험에 뿌리를 둔다. 모든 예술가나 작가는 풍부한 경력과 깨달음을 가지고 있음을 기억하라. 내면의 강인함과 의지를 발휘하기만 하면 얼마든지 생각을 계발해 많든 적든 도움을 받을 수 있을 것이다. 하지만 가장 본질적인 것은 경험을 쌓는 일임을 잊지 말라.

둘째, 동심을 유지해야 한다. 할리우드의 대표 감독 스티븐 스필버그는 이미 칠순을 넘긴 나이지만 여전히 어릴 적 동심을 유지하고 있다. 최근에 그가 제작한 영화 〈레디 플레이어 원〉이 전 세계를 풍미한 걸 보면 알 수 있다. 동심을 유지하면 모든 사물을 호기심 있게 관찰하게 되어 영감을 얻고 상상의 나래를 펼칠 수 있다.

셋째, 용감하게 시도해야 한다. 내향적인 사람은 대중 앞에서 많이 말하고 교제에도 많이 참여하려고 노력해야 한다. 처음에는 답답하고 불편하겠지만 시도하면 할수록 상상력이 더 많은 자극을 받아 성공의 기초를 잘 다질 수 있다.

자신의 성격이 어떠하든, 그동안 살아낸 의미 있는 순간들을 돌아보고 사유의 범위를 넓혀 스스로 상상의 날개를 달아주도록 하자. 내면에 걱정과 근심이 충만한 사람은 새로운 경험을 습득할 수 없으며 인생의 앞날도 자유로이 펼쳐나갈 수 없다. 용기를 내서 앞으로 한 발 내디뎌야만 새로운 바다와 하늘을 향해 나아갈 수 있을 것이다.

제갈량의
마음속 광활함

내향적인 사람은 자신만의 방법과
채널을 통해 외부 세계를 파악한다.

내향적인 사람은 혼자 있을 때 편안함을 느끼며 사람을 접대하거나 응대하는 일이 많지 않다. 하지만 그것은 외부 세계에 대한 인지 능력이나 판단 능력이 부족해서가 아니다. 실제로 내향적인 사람은 세상에 관심이 많으며 마음속에 광활한 세상이 펼쳐져 있다. 비록 혼자 집에서 보내는 시간을 좋아하고 외출을 삼가지만, 그들은 삶의 세부적인 부분을 세밀하게 관찰하며 자아 성찰을 많이 함으로써 외부 세계를 탐색한다.

어떻게 보면 사회적인 관계나 사무를 처리하는 데 재주가 없어 보이지만, 사실 그들은 관심 없는 문제에는 시간을 낭비하지 않으려는 것뿐이다. 그들은 항상 내면에 자신을 위해 여러 도전 과제를 설정하고 그 목표를 달성하기 위해 노력한다. 다른 사람들이 몰라주더라도 자기 자신과 싸우며 생각과 행동을 멈추지 않는다. 물론 이러한 인생 태도가 이따금 부정적인 결과를 가져오기도 한다. 가령 자기 자신에 대한 요구치가 너무 높아서 완벽하게 일을 처리하지 않으면 괴로워하는 것이다.

한편 내향적인 사람이라고 해서 집 밖으로 나갈 용기가 없거나 어려운 문제에 대응할 용기가 없는 게 아니다. '장막 안에서 전술을 세우고 천 리 밖에서 승부를 짓는다'는 중국 속담은 바로 이런 유형의 사람을 잘 묘사한 표현이다. 예로부터 이러한 예는 수도 없이 많았는데 그중에서도 가장 어울리는 인물을 꼽자면 제갈량을 들 수 있다.

삼국시대 촉나라를 구한 제갈량은 젊은 시절에는 양양에 은거하면서 농사를 짓고 천하의 대사大事를 고민하며 조용히 시기를 기다렸다. 춘추전국 시대의 유명 인사였던 관중이나 악의 등은 모두 그의 재능을 높이 평가해 눈여겨보았다. 방사원, 사마휘, 서서와 같은 사람들은 제갈량을 때를 만나지 못해 은거하는 영웅이라는 뜻의 '와룡臥龍'에 비유하기도 했다. '봉추鳳雛'라 불리며 제갈량과 같이 이름을 알렸던 방통은 강동으로 내려가 젊은 호걸 주유를 돕기 위해 일찍이 하산했지만 제갈량은 계속해서 산중에 은거하며 정세의 변화를 관찰했다. 그것은 형주에서 어려움에 봉착한 유비가 친히 그를 찾아올 때까지 계속되었다.

제갈량은 재능이 뛰어난 사람이었지만 늘 신중하고 조심스러워

위험을 감수하는 일이 적었다. 사실 제갈량 역시 성격이 내향적인 사람으로 그가 오랜 기간 세속을 떠나 은거한 이유는 전란戰亂을 피하기 위한 것도 있었지만, 사람 만나는 걸 별로 좋아하지 않기 때문이기도 했다. 그는 자신과 마음이 맞고 생각이 같은 친한 친구들과 있을 때에야 비로소 허심탄회하게 자신의 생각을 털어놓고는 했다. 그들은 모두 견식見識이 뛰어나고 혜안이 밝아 제갈량과 지식을 주고받으며 서로의 성장과 발전을 도모했다. 그렇지만 산중에 은거했던 제갈량의 눈은 늘 항상 세상을 향해 있었다.

제갈량의 친한 벗들은 대부분 형주 일대에 있었다. 당시 그곳은 남북의 왕래가 빈번히 이뤄지던 중심 지역으로 상대적으로 평화로웠고 걸출한 인재가 많아 정보 채널이 발달해 있었다. 제갈량의 누이는 유표劉表의 장수였던 괴월에게 시집을 갔고 큰형 제갈근과 절친 방통 모두 강동에 거주했다. 제갈량은 이들을 통해 중요한 정보를 얻었고 일부 친한 친구들이 자주 여행을 와서 제갈량에게 정세의 변화에 관한 소식을 전해주었다. 산속은 고요했고 전쟁으로 인한 분쟁도 없었기에 조용히 사색하며 장래를 계획하기에 좋았다. 제갈량의 벗들은 모두 걸출한 인재들이어서 그들과 소통하는 것만도 사고를 확장하고 견식을 넓히는 데 많은 도움이 되었다.

제갈량을 불러내기 위해 유비가 몇 번이나 그의 초옥을 찾아가 간청했지만 만나주지 않다가 마침내 그 정성에 감동해 세 번째 찾아왔을 때 만남이 이뤄졌다. 사실 제갈량은 그전에 이미 전략과 대책을 모두 세워놓은 상태였다. 이때 그 유명한 '융중대隆中對(제갈량이 유비에게 천하삼분지계天下三分之計를 설파한 융중대책隆中對策. 초려대草廬對라고도 한다-옮긴이)'를 설파했는데, 문밖에 나가지 않고도 천하의 대사를 완벽하게 이해하고 분석하는 그를 보며 유비는 놀라움을 금치 못했다. 오랜 시간 난국에 빠진 형주로 골머리를 앓던 유비였지만 현실적이면서 냉철한 제갈량의 분석은 유비와 관우, 장비 세 사람에게 큰 깨달음을 주었다. 내향적인 성격의 제갈량도 세 번이나 찾아와 간절히 요청하는 유비의 진심을 거절하긴 힘들었다. 또 한실漢室의 후예였던 유비는 한나라의 중흥을 간절히 바라고 있었다. 이는 민생을 안정시키고 나라를 일으켜야 한다는 제갈량의 포부와도 맞아 떨어졌다. 결국 제갈량은 하산을 결심했다.

이후 제갈량은 기회를 포착해 직접 노숙과 함께 강동으로 가서 유비와 손권이 연합할 수 있도록 돕는다. 소설《삼국연의三國演義》에는 제갈량이 여러 사람과 논쟁을 벌이고 강동의 문신들이 하는 말을 일일이 반박하는 장면과 사람들 앞에서 손권을 설득시키는 장면이 나온다. 사실 이는 그의 계획과 대책을 테스트하는 자리이기도 했다. 제갈량은 자신의 '융중대' 방안에 따라 심사숙고한 끝에 조조에 대항하는 책략을 만들어 노사, 주유, 황개 등과 같이 투항을 원하지 않았던 강동의 호걸들을 설득한다. 이로써 마침내 손권에게 유비와 연합하여 조조를 치겠다는 대답을 받아낸다.

먼저 유비를 설득하고 향후 전략을 세운 그는 뒤이어 손권을 찾아가 유비와의 연맹을 촉구하며 남방을 차지할 것을 설득함으로써 최종적으로 천하삼분지계를 실현할 기반을 다진다. 사실 제갈량에게는 산을 나서서 세상에 내려온 이후 유비 앞에서 두 번의 아주 중요한 '면접'을 치른 셈이었다. 손권과의 연맹으로 마침내 그는 오랫동안 계획했던 전략을 실현할 기회를 잡을 수 있었다. 오랜 시간 천하의 대사를 자세히 분석한 그는 당시 각지 군벌에 관해서도 상세하게 이해하고 있었다. 그래서 유비와 손권 중 자신의 요구에 누가 더 부합하는지를 신중히 분석했고 결국 어려움에 빠진 유비를 돕기 위해 상당한 실력을 지닌 손권을 연합군으로 삼을 계획을 세운 것이었다. 그리고 그의 책략은 순조롭게 성공을 거두었다.

내향적인 사람은 자신만의 방법과 채널을 통해 외부 세계를 파악한다. 1,000년 전 제갈량 또한 자신만의 방식으로 전체 천하의 정세를 파악했고 심지어 각지 군벌의 인품까지 꿰뚫어보았다. 지금 정보의 홍수 속에 살아가는 우리는 더 말할 나위 없이 좋은 채널을 보유한 셈이다. 그러니 내향적인 사람이 대인 관계를 좋아하는지 아닌지만 보는 건 실질적이지 않다. 그들은 삶이나 일과 관련된 부분에서 모두 자기만의 대비책을 지니고 있어서 일단 기회가 오면 자연스럽게 자신이 계획한 삶 안으로 들어갈 수 있다. 그렇다면 제갈량처럼 자신만의 광활한 세계를 펼치려면 어떻게 해야 할까?

첫째, 마음이 맞고 뜻을 함께하는 사람을 만나 이야기를 나누면서 견식을 넓혀라. '같은 업계에 종사하는 사람과 대화하는 건 거울을 보는 것과 같다'라는 말이 있다. 마음이 잘 통하는 친구와 대화하면 자신의 생각을 정리할 수 있고 스스로 보완해야 할 점이 무엇인지 돌아볼 수 있다. 취미나 직업, 미래의 꿈을 막론하고 상대의 좋은 점은 얼마든지 참고해 더 나은 자신을 만드는 데 활용할 수 있다.

둘째, 좋아하는 외부 활동에 참여하라. 이는 외부 세계를 이해하는 좋은 방식이며, 인생과 사회에 대해 더 깊이 사고하게 돕는다. 외부 세계와의 접촉을 통해 자신의 앞날을 더 정확히 설계하고 개선해보자.

셋째, 적절한 훈련으로 기회를 포착하라. 기회는 준비된 사람에게 찾아온다. 이는 매우 현실적인 조언이다. 내향적인 사람이든 외향적인 사람이든 인생의 목표를 향해 용감하게 앞으로 나아가려면 충분한 준비를 통해 도전을 이겨내야 한다.

사실 내향적인 사람은 보통 한 상황에 대한 여러 대응책을 준비하는 편이다. 설령 그 과정에서 실수를 하더라도 개인의 능력을 부정하거나 앞으로 영영 기회가 오지 않을 거라고 생각하는 건 바보 같은 짓이다. 실패 속에서도 교훈을 얻으면 계속해서 앞으로 나아갈 수 있을 것이며 성공이 금세 당신의 세상 안으로 들어올 것이다.

PART 3

세상 앞에
당당하게 서다

THE

COMPETITIVE

POWER

OF INTROVERTS

01

내향적 성격의 도약

자기 인식을 통한
자신감 키우기

진짜 자신감이 넘치는 사람은 단편적으로 자신을
이해하는 사람이 아닌 총체적으로 온전하게 이해하는 사람이다.

여러 번 말했지만 경쟁과 협력을 중시하는 현대 사회에서는 상대적으로 외향형의 사람들이 더 쉽게 성공을 거둘 수 있다. 하지만 내향형의 사람들도 잠재적인 가능성과 장점을 발휘하면 좋은 성과를 얻을 수 있다. 인생은 외향적인 성격의 사람들만 성공할 수 있도록 제한되어 있지 않다.

내향형의 사람들이 성공하기 위해서는 어떻게 해야 하는가? 먼저 솔직하게 자기를 마주하고 남을 부러워하는 마음을 버리는 것부터 시작해야 한다. 진지한 고민과 사유를 통해, 자신이 혼자 있는 걸 즐기며 조용한 것을 좋아하는 특징이 있다는 사실을 있는 그대로 받아들여야 한다. 내향적인 사람은 모임에 참여하거나 낯선 사람과 교제하는 것을 즐기지 않는다. 그러나 성격의 부정적인 면에만 집중하지 않고 자신의 장단점을 충분히 이해하고 나면 현실 사회에 조금 더 잘 적응할 방법을 모색할 수 있다.

자신감은 좋은 인생을 살아가게 하는 초석이다. 자신감을 지닌 사람은 인격적으로 건강하며 그렇지 않은 사람에 비해 더 우수한 면모를 보인다. '자기 자신을 알고 있는 사람은 총명한 사람'이라는 성어가 있다. 안타깝게도 내향적인 사람들은 자신의 단점은 아주 잘 알고 있지만 장점은 잘 인식하지 못한다. 일반적으로 그들은 자신의 장점을 외부 세계 혹은 자신의 일과 잘 연결하지 못하는 편이다. 이렇게 자신과 외부 세계의 관계를 정확하게 인식하지 못하는 현상을 심리학에서는 '허구적 독특성False Uniqueness'이라고 한다.

객관적인 자기 평가

자신을 지나치게 높이 평가하거나 거짓 겸손에 빠지는 것은 인격을 개선하고 자신감을 높이는 데 아무런 도움이 되지 않는다. 자신감은 일반적으로 과거의 긍정적인 경험에서 비롯되는데 올바른 자신감을 키우려면 자신의 가치와 존재를 명확하게 인식하고 장단점을 정확하게 이해해야 한다. 진짜 자신감이 넘치는 사람은 단편적으로 자신을 이해하는 사람이 아닌 총체적으로 온전하게 이해하는 사람이다.

내향적인 성격의 사람이 자신감을 키우려면 타인과 나 사이에 균형을 잘 잡아야 한다. 상대의 장점은 칭찬하되 스스로 과도하게 비하하지 않도록 심리적으로 균형을 유지하는 것이 특별히 중요하다. 자신감 있는 사람은 타인의 장점을 진심으로 칭찬하고 마음에서 우러나오는 존경을 표한다. 아울러 침착하고 평온한 마음으로 배울 점을 취하며 정확한 눈으로 각자의 장점을 돌아본다. 그로써 장점은 취하고 단점은 버리는 방식으로 성장한다.

내향적인 사람은 타인의 내면세계를 깊이 있게 관찰하는 방식을 통해 객관적인 심리 상태를 유지하며 교제를 나누고 서로 격려할 수 있다. 또 진실한 태도로 타인의 인정과 칭찬을 받아들여 자신감을 기를 수 있다.

일부 사람들은 자신감을 키우려면 반드시 외향적인 사람이 되어야 한다고 생각하여 여러 방법을 통해 성격을 바꾸려 노력한다. 하지만 이는 매우 잘못된 생각이다.

당나귀와 개를 한 마리씩 키우는 농부가 있었다. 나귀는 매일 새벽같이 주인과 함께 나가서 힘들게 일을 하고 돌아왔지만 주인이 자신을 별로 사랑해주지 않는 것 같았다. 그런데 매일 집에서 하는 일이라곤 현관 앞에 앉아 있다가 저녁에 주인이 돌아오면 바짝 엎드려 꼬리를 흔드는 게 전부인 개는 달라 보였다. 주인은 항상 개를 안아주고 쓰다듬어주었고 심지어 맛있는 걸 남겨두었다가 개에게 주었다. 나귀는 기분이 좋지 않았다. 그래서 자신도 개처럼 행동해야겠다고 다짐하고는 한낮에 바닥에 누워 잠만 자고 집 밖으로 나가려고 하지 않았다. 저녁에 주인이 돌아올 때가 되면 현관으로 나가 개처럼 주인을 핥았다. 그러나 나귀의 행동은 주인을 전혀 기쁘게 하지 않았다. 주인은 오히려 나귀가 미쳤다고 생각했다. "일도 안 하더니 주인을 공격하기까지 해!" 화가 난 주인은 곧바로 총을 가져와 나귀를 향해 쏘았다. 아무것도 모르는 순진한 나귀는 그 자리에서 목숨을 잃었다.

모든 사람은 자기만의 특징과 기질이 있으며 자신의 부족함도 이성적인 생각과 마음으로 마주해야 한다는 교훈을 주는 이야기다. 부족함을 깨달을지언정 자신의 성격을 억지로 바꿀 필요는 전혀 없다.

내가 아는 한 중학교 교사가 자신의 이야기를 들려준 적 있다. 그녀는 사람들과 말하는 걸 별로 좋아하지 않았지만 선생님이 되기 위해 사범대학교에 진학했다. 교사는 비교적 안정적인 직업인 데다 방학도 있어서 좋을 거라고 단순하게 생각했다. 하지만 역시 사람들 앞에서 말하는 것이 아주 큰 문제였다.

이 문제를 해결하기 위해 그녀는 스피치 학원에 등록했다. 수업 첫날 앞으로 나가 자기소개를 해야 했는데 뭐라고 말해야 할지 몰라 한참을 망설이다가 겨우 이름만 말하고 황급히 자리로 돌아왔다. 그녀는 자신이 그 학습 과정을 완수할 수 없을 거라고 생각했다. 그렇게 많은 사람 앞에서, 모두가 자신만 쳐다보고 있는 상황에서 말을 한다는 건 지옥과도 같았기 때문이다.

학원 수업을 받으면서 그녀는 글을 잘 쓰는 자신의 장점을 활용해 매번 스피치를 하기 전에 원고를 만들었다. 그리고 앞에 나가 말을 할 때마다 자신이 썼던 원고의 내용을 차분하게 떠올렸다. 원고를 쓸 때는 마치 그 자리에서 바로 떠올려서 말하는 것 같은 아주 자연스러운 문장들을 사용했다. 반복된 연습을 통해 마침내 긴장해서 입을 열지 못하는 상태에서 벗어날 수 있었다. 사전에 원고를 준비하고 숙지한 덕분에 순조롭게 스피치를 마칠 수 있었기 때문이었다. 물론 속으로는 여전히 조금 긴장하긴 했지만 적절한 긴장감은 오히려 그녀의 잠재력을 자극하는 데 도움이 되었다.

수업 과정이 끝나갈 즈음 학원에서 스피치 대회를 열었고 그녀는 2등 상을 받았다. 교사가 되고 나서는 자신 있게 교단에 서서 수십 분의 수업을 문제없이 끌고 나갔다. 이 학습 과정을 통해 그녀는 사람의 성격은 개인의 발전에 방해가 되지 않으며, 적절한 목표를 설정한다면 충분히 스스로 변화할 수 있다는 사실을 깨달았다.

내향적인 사람은 사람들을 만나거나 스피치를 하거나 모임에 참석하는 등의 일에 매우 신중하다. 혹시나 그런 장소에서 자신이 말실수를 하진 않을까 걱정하기 때문이다. 그리고 말실수를 한번 하고 나면 그 일을 계속 떠올리며 자신을 자책한다. '정말 바보 같아. 앞으로는 절대 사람들 앞에서 얘기하지 않을 거야.' 이런 생각이 오랫동안 굳어지면 자신감이 점점 떨어지고 성격에도 문제가 생기게 된다. 그러면 일상이나 업무 중에 생기는 여러 가지 크고 작은 사건에 대응하기 어려워지며 단체 생활에 적응하기도 힘들어진다.

작은 성취에서 비롯되는 자신감

아주 작은 일부터 인내심을 가지고 조금만 시간을 투자하면 내향적인 사람도 자신감을 키울 수 있다. 예를 들어 회사에서 주변 사람과 더 많이 이야기하거나 동료 모임에 더 많이 참석하고 자신의 의견을 더 많이 말하는 것이다. 처음에는 불편하고 싫을 수 있지만 최대한 많이 시도하고 연습하면 심리적 부담을 한층 줄일 수 있다.

동료와 간단한 대화 나누기부터 업무 회의나 사교 활동 참석, 고객과의 협상에 이르기까지 자신의 사교 반경을 조금씩 넓히면서 목표를 한 단계씩 키워나가다 보면, 장담하건대 1년 안에 큰 효과를 볼 수 있을 것이다.

일상생활을 예로 들어보자. 내향적인 남성에게 좋아하는 여성이 생기면 어떻게 해야 할까? 아마 많은 내향적인 사람들이 자신의 마음을 어떻게 표현하면 좋을지 몰라 혼자서 괴로워하고 힘들어할 것이다. 그들은 본래 말수가 적은 데다가 좋아하는 여성 앞에서는 특히 더 긴장하기 때문이다. 하지만 매우 세심하고 상대를 잘 배려하며 돌봐주는 내향적인 사람들만의 장점들을 잘 활용하면 충분히 상대의 호감을 살 수 있을 것이다.

만일 당신이 내향적인 사람이라면 구체적인 행동 없이 듣기 좋은 말만 하지 않게 주의해야 한다. 밥을 먹을 때 상대에게 먼저 수저를 건네주거나 물을 따라주고 짐을 들어주거나 우산을 씌워주고 필요할 때 휴지를 챙겨주거나 배웅을 해주는 등, 실질적인 행동이 있어야 상대를 감동하게 할 수 있다.

　일반적으로 외향적인 남성은 여성을 즐겁게 해주고 유쾌한 대화를 잘 나누지만 깊은 이야기는 잘 나누지 못한다. 이런 점에서는 내향적인 사람이 오히려 더 유리하다. 상대방의 말을 세심하게 잘 들어주기 때문이다. 이것은 내향적인 사람들이 가장 잘하는 일 중 하나이다.

두각을
나타내는 법

오늘 하루의 짧은 시간일지라도 매일, 매주, 매달 쌓아가다 보면
충분히 자신을 계발해낼 금쪽같은 시간이 될 수 있다.

내향적인 사람들은 조용한 환경에서 머무는 것이 습관이 되어 있으며 그 안에서 고도의 집중력을 발휘한다. 집중을 잘하는 성격적 특징 때문에 그들 중에는 학습이나 연구 분야에 종사하며 전문성을 잘 발휘해내는 사람들이 많다. 그들은 그런 자신의 모습을 보며 존재의 의미를 느끼고 충만해지는 느낌을 받는다.

하지만 안타깝게도 내향적인 사람들의 이러한 성격적 특성을 진정으로 이해하는 사람은 많지 않다. 심지어 일부 내향적인 사람은 자신의 성격적 특성을 잘 깨닫지 못해 길을 헤매기도 한다. 내향적인 사람들은 혼자 있을 때의 조용함과 평안함을 즐기며 조용히 독서를 하거나 무언가를 골똘히 생각하는 걸 좋아한다. 또 내면을 돌아보면서 자신이 진정으로 원하는 게 무엇인지, 어떻게 하면 목표를

실현할 수 있을지에 집중한다.

내면의 힘에 집중하다

대다수의 내향적인 사람은 KFC보다는 스타벅스를 좋아한다. 치킨보다 커피를 더 좋아해서가 아니라 환경적인 요인 때문이다. 커피숍은 상대적으로 더 조용하고 다른 사람의 간섭이 덜하다. 그들은 이런 장소에서 책을 보거나 인터넷을 하고 과제를 하거나 글을 쓴다. 이를 통해 편안함을 얻고 내실을 다듬는다. 어떤 영역에서 일하든지 그들은 지식을 쌓아가고 그 영역에 관련한 기능을 숙지한다. 또 외부 요소에 영향받는 걸 싫어하며 이익에 이끌려 살아가는 삶을 지양한다. 조용한 곳을 찾는 이유는 육체적인 안락함을 누리기 위해서가 아니라 이러한 방식으로 인생의 의미와 가치를 찾기 위함이다.

미국의 유명한 심리학자이자 작가인 마티 올슨 래니Marti Olsen Laney의 책에는 다음과 같은 예화가 등장한다. 한 소국小國의 사자使者가 공물을 바치기 위해 중국으로 왔다. 공물은 완전히 똑같은 세 개의 불상이었다. 이를 본 황제는 매우 기뻐했다. 그런데 소국의 사자가 돌연 한 가지 문제를 냈다. "세 개의 불상 가운데 가장 가치 있는 것이 어떤 것인지 아십니까, 폐하?" 세 불상은 한눈에 보기에도 생김새가 모두 똑같았고 심지어 무게도 같았다. 황제는 매우 난처했다.

대국을 다스리는 왕이 한낱 소국의 신하가 내놓은 문제에 대답하지 못하면 면이 서지 않겠다는 생각에 그는 마음이 조급해졌다. 왕은 보석감정사를 불러 무엇이 다른지 알아보라고 일렀다. 하지만 감정사들의 대답은 하나같았다. "세 불상이 판에 박은 듯 똑같습니다." 황제는 대신들을 불러 대책회의를 했다. 그러나 대신들은 서로 눈치만 살필 뿐 뚜렷한 묘책을 내놓지 못했다.

이때 한 늙은 신하가 나와 자신의 생각을 얘기하니 황제의 얼굴에 웃음이 피었다. 왕은 곧바로 늙은 신하와 소국의 사자를 궁궐로 불렀다. 늙은 신하는 미리 준비해 온 세 단의 볏짚을 꺼냈다. 볏짚을 첫 번째 불상의 한쪽 귀에 넣었더니 반대편 귀로 나왔다. 이어서 두 번째 볏짚을 들어 두 번째 불상의 귀에 넣었더니 이번에는 불상의 입으로 튀어나왔다. 마지막으로 세 번째 볏짚을 세 번째 불상에 넣자 뱃속으로 들어가더니 어느 곳으로도 튀어나오지 않았다. 그 모습을 본 노신이 대답했다. "이 중에 가장 가치 있는 불상은 세 번째 것입니다." 사자는 정답을 가려낸 그들을 보며 속으로 감탄했다.[1]

사람의 입과 귀보다는 마음이 진정으로 믿을 만하다는 교훈을 주는 일화다. 살다 보면 남에게 꼭 말해야 할 일과 그렇지 않은 일을 구분할 줄 알아야 하며, 가장 가치 있는 사람은 말을 잘하는 이가 아닌 비밀을 잘 지키는 사람이라는 진리를 설명해준다. 진정으로 믿을 만한 사람은 경청을 잘하고 깊이 생각하는 사람이라는 걸 알 수 있다.

시간에 끌려가지 않는다

내향적인 사람은 사교 활동이나 대인 관계에 시간을 낭비하는 걸 좋아하지 않는다. 그들은 보통 매우 계획적으로 하루하루를 살아간다. 이러한 장점을 잘 활용한다면 자신의 지식과 기능을 갈고닦아 더욱 내실을 다질 수 있다. 과학자나 예술가, 정치가가 되지 않는다고 해도 어떤 업계에서든 뛰어난 성과를 거둘 수 있을 것이다.

모든 사람은 일상과 자신의 주된 업무를 병행하며 살아갈 수밖에 없다. 그 가운데 조금씩 발전하며 새로운 영역에서 두각을 나타내고 싶다면 반드시 필요한 것이 있다. 바로 효율적인 시간 관리다.

시간 관리를 잘하는 비결은 이른바 '7:3 법칙'을 활용하는 것이다. 즉 70퍼센트는 자신을 채우는 시간으로 활용하고, 나머지 30퍼센트는 어떠한 환상이나 망상도 자제한 채 계속 외부활동을 진행하는 것이다. 그래야만 새로운 삶의 영역으로 들어갈 수 있다.

시간을 잘 관리하면 각종 번잡하고 어지러운 상황에 끌려가던 수동적인 삶에서 벗어나 좀 더 능동적이고 주체적으로 행동할 수 있다. 그런데 요즘 사람들은 너무 바쁘게 일만 하다 보니 자아를 계발할 시간이 거의 없는 것 같다. 하지만 사실 침대나 소파에 누워 휴대폰만 보는 의미 없는 시간만 없애도 더 많은 시간을 온전히 자신을 충전하는 데 사용할 수 있다. 설령 시간이 30분밖에 없다고 해도 소파에 앉아 휴대폰을 붙잡고 있기보다 청소를 하거나 책을 읽으면 의미 없이 시간을 허비하는 걸 막을 수 있다.

사람은 할 일이 없을 때 보통 나태함에 빠진다. 안타깝게도 많은 사람들이 집에 돌아가면 대충 시간을 보낸다. 오늘 하루의 짧은 시

간일지라도 매일, 매주, 매달 쌓이다 보면 충분히 자신을 계발해낼
금쪽같은 시간이 될 수 있음을 기억하자.

내면의 집중력과
잠재력을 깨우다

이들은 주변인을 놀라게 할 만한
폭발력을 지녔다.

내향적인 성격의 사람은 자신이 좋아하는 일에 고도의 집중력을 발휘한다. 그들은 자신의 이상적인 계획을 완벽하게 실현해낼 때까지 최선을 다한다. 또 자신이 잘 알고 익숙한 일을 해내는 것을 좋아하며 목표를 향하여 포기하지 않고 끝까지 노력한다. 이들은 종종 주변인을 놀라게 할 만한 폭발력을 지녔다.

내향적인 사람들은 관심 있는 사물에 온몸과 마음을 다해 집중하며 사물의 본질을 깊이 있게 파악하는 특징이 있다. 뿐만 아니라 분석과 사고에 매우 능한데 이는 많은 경우 성공의 열쇠가 되어준다.

대부분의 내향적인 사람은 성격적 특징을 잘 발휘하기만 하면 자신이 좋아하는 분야에서 두각을 드러낼 수 있다. 그들은 사고에 능하고 집중해서 분석하며 각종 문제에 효과적으로 대응하는 등의 능력을 통해 성공을 거둘 수 있다. 투자의 귀재로 불리는 워런 버핏도 마찬가지였다. 월가의 기업들이 도산 위기에 몰려 문을 닫기 시작할 때 그는 다년간 축적해온 금융업에 대한 정보와 예리한 관찰력, 향후 시장 동향에 대한 정확한 판단력을 토대로, 모두가 절망이라고 말하는 그 상황에서 다시 일어났다. 우리는 내향적인 성격이 지닌 힘을 바로 이해하고 신뢰해야 한다.

많은 경우 소위 성공한 사람들은 비범한 성격적 특징을 타고난 데다 오랫동안 그 특징을 갈고닦아왔기 때문에 성공을 거둔 것으로 생각된다. 그런데 안타깝게도 대다수의 내향적인 사람은 자신에게 비범한 성격적 특징이 있어도 그것을 스스로 잘 인정하지 않는다. 다시 말해 장점으로 받아들이기보다 주로 단점으로 받아들인다는 얘기다. 예를 들어 조용하고 개인적인 공간에 머물기 좋아하고 익숙하고 친한 몇 명의 친구들과 깊은 대화를 나누는 등의 특징을, 말수가 적고 다른 사람들과 거리를 유지하며 새로 알게 된 사람과 친해지기까지 시간이 꽤 걸리는 등의 다소 부정적인 관점으로만 바라본다.

긍정적인 관점으로 바라본다면 내향적인 사람들에게도 성공한 사람들의 비범한 성격적 특징을 많이 확인할 수 있다. 내향적인 사람은 외향적인 사람에 비해 일 처리가 더 세심하고 관찰을 잘하며 깊이 생각하고 공감 능력이 뛰어나다. 일을 할 때는 타인의 실질적인 요구를 잘 존중하고 부하 직원들과도 상호 작용을 잘하기 때문에 팀의 리더 역할을 잘 수행할 수 있다. 일과 자신의 성격이 맞아

떨어지기만 하면 특유의 집중력을 발휘하여 훌륭한 성과를 내 팀의 핵심 인물로 자리 잡기도 한다. 내향적인 사람도 자신의 개성과 특징을 깊이 이해함으로써 성격적 장점을 잘 활용해내면 모두가 원하는 성공을 거둘 수 있다.

영국 역사상 가장 위대한 총리 처칠 역시 매우 내성적이었다. 그는 심지어 말을 할 때 더듬는 습관도 있었다. 그는 재학시절 '훌륭한 연설가가 되는 것'이 꿈이라고 말했다가 친구들의 조롱과 비웃음을 사기도 했다. 하지만 그는 굴하지 않고 훌륭한 연설가가 되기 위해 연습에 매진했다. 마침내 이 내향적인 소년은 훗날 제2차 세계대전 중에 수천만 명의 사람들에게 용기를 주고 그들의 심금을 울리는 연설을 했다. 그리고 그로써 그는 영국 국민들의 정신적 지주가 되었으며 BBC에서 뽑은 역사상 가장 위대한 영국인으로 선정되기도 했다.[2]

우리는 평생 처칠 같은 위대한 사람이 될 수 없을지도 모른다. 하지만 나 자신을 바로 알고 잠재력을 최대한 끌어내 누구도 대체하지 못할 핵심 경쟁력으로 삼는다면 각자의 인생에서 가장 위대한 사람으로 거듭날 수 있다. 내향적인 성격을 올바로 인지하고 개선해나감으로써 성공에 가까이 다가서보자.

02

자유롭고 편안하게 소통하는 법

자연스러운
대화

조금씩 노력하다 보면 어느새 당신은
낯선 이와 친구가 되어 있을 것이다.

　내향적인 사람들은 현실에 안주하려고 하고 고정적인 인간관계
에만 머물고 싶어 하는 심리가 있다. 당장의 현실만 보고 싶어 하는
이러한 현상은 일종의 '정서적 근시화'에 해당한다. 내향적인 사람
은 이러한 관계의 틀에 늘 매여 있어야 하는 걸까?

　우리는 살면서 생각대로 되지 않는 일을 많이 겪고, 이런 경험은
종종 부정적인 정서를 만들어낸다. 하지만 그럴 때 《논어論語》에 나
오는 '군자는 조화하되 동화되지 않는다(군자화이부동君子和而不同, 다른
사람과 잘 어울리되 자신의 의견은 굽히지 않는 자세를 말한다-옮긴이)'는 말
을 떠올려보자.

　인생은 결국 다른 사람과의 관계나 교제를 통해 흘러간다. 그렇기
에 사람들과 소통할 때 자기 생각을 차분하게 표현할 줄 알아야 한

다. 가끔 다른 사람과 의견 차이가 생기더라도 흥분하거나 위축되거나 두려워하지 않아야 한다. 외부 세계와 접촉을 하다 보면 실망할 때도 있고 일이 잘 풀리지 않을 때도 있다. 그런데 그런 일이 생겼다고 해서 자기만의 좁은 울타리 안으로 들어가 스스로 갇혀 있으려고 한다면 어떤 일도 해결되지 않고 상황은 더 나빠지기만 할 것이다.

낯선 환경에서 적응하는 일은 당연히 시간도 걸리고 어렵게 느껴진다. 그럴 때 다음의 몇 가지에 주의를 기울여보자.[1] 먼저 내가 있어야 할 자리를 찾아가서 그곳에 있는 사람들이 어떤 이야기를 나누고 있는지 들어보자. 잘 모르는 내용이라면 곧바로 대화에 참여하려 들기보다 조금 생각해본 뒤 질문을 해보자. 만약 상대방이 전문적인 용어로 말하면 자연스럽게 대화를 나누기 어렵다고 생각할 수 있지만 그렇지 않다. 상대방의 말을 잘 들으면서 그 분야에 대해 알아가려고 한다면 자연스럽게 대화할 수 있다.

보통 내향적인 사람들은 사람을 잘 사귀지 못하고 대화에도 소질이 없다고 스스로 생각한다. 이런 생각을 깨고 좀 더 폭넓게 교제하기 위해서는 어떻게 해야 할까?

• 거절을 두려워하지 말기

내향적인 사람들은 거절을 두려워한다. 다른 사람에게 인사를 할때도 혹시나 거절을 당할까 봐 아예 인사를 하지 않으려고 할 때도 있다. 원만한 사회생활을 위해서는 이런 심리적 장애를 반드시 해소해야 한다.

모임에서 어떤 사람에게 먼저 인사를 건넸는데 그 사람이 간단히 인사만 나누고 다른 사람과 어울리기 위해 자리를 옮겼다면 어떤 기분이 들겠는가? 그 사람이 자신을 얕보거나 무시하는 것 같은 기분이 들 수도 있고 낯 뜨거운 느낌에 자리를 피하고 싶을 수도 있다. 하지만 모임에서 이런 일은 전혀 이상한 일이 아니다. 같은 업계가 아니거나 개성이 달라 이야기가 통하지 않는다고 느끼면 대화를 나누고 싶은 다른 상대를 찾아가는 것이다.

따라서 불편하게 생각하지 말고 당신도 다른 대화 상대를 찾아가서 편안하게 이야기를 나누어보라. 많은 사람들이 모이는 장소는 원래 그렇게 친구를 사귀는 곳이다.

• 화제를 미리 탐색하기

가끔은 상대와 이야기할 공동의 화제가 없다고 느낄 수 있다. 많은 친구를 사귀기 위해서는 책을 읽거나 공부를 하는 등, 스스로 이야깃거리를 많이 찾아내고 내실을 다지는 게 중요하다. 어떤 모임에 참석할 계획이 있다면 그전에 관련된 화제를 모으고 공부해보자. 그러면 사람들과 무슨 대화를 나누어야 할지 저절로 알게 될 것이다.

• 차근차근 조금씩 친해지기

처음 만난 사람과는 한 번에 가까워질 수 없다. 이건 내향적인 사람뿐 아니라 모든 사람들에게 적용되는 얘기다. 처음 만난 사람과 친해지기 위해서는 어떻게 해야 할까? 먼저 존중과 예의를 갖추어야 한다. 첫 만남부터 친한 사람 대하듯 해서는 안 되고 적당히 거리를 유지하는 게 좋다. 친해지고 싶은 마음이 앞서서 처음부터 너무 친근하게 굴거나 선을 넘는다면 상대는 부담스러워하며 마음을 닫아버릴 가능성이 크다. 또 내향적인 사람들의 경우 친근하게 대하는 것조차 부자연스럽게 보일 수 있다.

처음부터 막역한 사이가 될 수는 없을지라도, 조심스럽게 조금씩 노력하다 보면 어느새 당신은 낯선 이와 친구가 되어 있을 것이다.

말은 적게
효과는 크게

간단명료하고 솔직담백하게 거절하는 것이야말로
진실하게 친구를 대하는 것이다.

친구 혹은 동료와 좋은 관계를 유지하기 위해서는 대화를 많이 나눠야 한다. 때때로 의견이 충돌하고 오해가 쌓이더라도 대화를 통하면 금세 화해하고 더 나은 결론을 맺을 수 있다. 그런데 기본적으로 말수가 적은 내향적인 사람들은 어떻게 해야 할까?

내향적인 사람들도 관심사가 같고 지향하는 바가 맞는 사람과는 마음을 열고 순조롭게 대화한다. 물론 말수가 너무 적어서 상대방을 존중하지 않는다는 오해를 살 때도 있지만, 자신을 잘 이해해준다고 생각하는 상대방과의 대화에서는 시의적절한 말을 잘 한다.

때론 긴 설명도 필요하다

내향적인 사람은 관계에서 '서로 다른 점은 인정하면서 공동의 이익을 추구하는 일'에 다소 서툴다. 때로는 압박감을 이기지 못해 직설적으로 표현하여 상대에게 좋지 않은 인상을 남기기도 한다. 예를 들어 "오늘 퇴근 전에 고객에게 보낼 수정안을 완성하도록 해"라는 상사의 말에 직설적으로 "못 합니다"라고 대답해버리는 것이다. 명쾌하고 간단한 대답이긴 하지만 상사에게 이런 식으로 대답하는 것은 별로 현명하지 못한 처사다.

이럴 때는 융통성을 발휘하여 이렇게 대답할 수 있다. "시간이 너무 촉박합니다. 회의에서 나왔던 안건이나 수정 방안이 실행 가능성이 있는지 분석해봐야 하고 고객에게 보내줄 예산과 세부 일정을 하나하나 대조해보아야 합니다. 정확하게 정리해서 내일 중으로 보고해도 될까요?"

정말로 하기 힘든 일에 대해서는 그 일을 지시한 사람이 누구든 간에 할 수 없다고 말해야 한다. 하지만 할 수 없다는 결론만 간단하게 말하기보다는, 그럴 수밖에 없는 합리적인 이유와 가능한 대안까지 제시한다면 갈등과 마찰을 최소화할 수 있다. 무조건 '안 됩니다', '불가능합니다'라고만 하면 상대방은 그 일이 정말 불가능해서가 아니라 귀찮고 힘든 일을 피하고 싶어서라고 생각할지도 모른다.

내향적인 사람들은 타인에게 자신의 생각을 잘 드러내지 않는다. 남의 시선을 매우 의식하기 때문이다. 하지만 사회에서는 너무 말을 아끼는 사람보다 자신의 생각을 자신 있게 얘기하는 사람을 좋아한다. 그렇기 때문에 내향적인 사람이 사회에 잘 적응하려면 가장 근본적으로 실력을 키워야 한다. 사실 그들은 대화와 소통을 두려워하는 것이 아니다. 자신의 대화 방법이나 교제 방식, 전문성 등에 자신감이 없는 것이다. 내향적인 사람들은 겉으로 드러나는 자기 모습에 매우 예민하며 스스로 비교적 높은 기준과 요구사항을 적용하는 편이다.

내향적인 사람은 자기가 의도한 바만 정확히 전달하면 된다고 생각하기 때문에 간단명료한 표현 방식을 좋아한다. 이러한 태도는 종종 사람들의 기분을 상하게 하기도 하고 상대를 난처하게 만들기도 한다. 하지만 그들의 그런 행동은 결코 고의적인 것이 아니라 가장 직접적이고 효과적으로 답안을 제시하고 싶은 마음에서 비롯된 것일 뿐이다.

간단하고 솔직한 거절

친구와의 관계를 매우 중요하게 여기는 내향적인 사람들은 친구의 부탁을 거절하는 일을 무척 힘들어한다. 아무리 들어주고 싶은 부탁이라도 실제로 가능하지 않다면 도와줄 수 없다고 분명히 말하는 것이 현명한 처사일 것이다. 거절하기가 힘들어서 가끔은 '한번 해볼게', '아는 사람에게 한번 물어볼게'라는 식으로 두루뭉술하게 대답하기도 하는데, 이 경우 친구가 괜한 희망을 갖게 할 뿐 결국엔 아무 도움도 되지 않을 때가 많다. 그러면 친구에게 더 큰 실망을 안길 뿐이다.

이런 상황에서는 감정에 이끌려 말하는 것이 전혀 도움이 되지 않는다. 도리어 '그건 안 되겠어'라고 직접적으로 말하거나 도와주지 못하는 이유를 자세히 설명해주는 게 훨씬 낫다. 간단명료하고 솔직 담백하게 거절하는 것이야말로 진실하게 친구를 대하는 것이다. 누군가는 형식적인 대답이라도 해야 상대에게 상처를 주지 않을 수 있다고 생각하겠지만 친구 사이의 약속을 지키는 일은 신뢰의 가장 기본적인 요소다. 말과 행동이 일치하고 겉과 속이 같아야만 진정으로 사귈 만한 사람이라는 느낌을 줄 수 있다.

대인 관계에서는 크고 작은 갈등과 마찰이 일어날 수밖에 없다. 어떻게 말하고 행동해야 이러한 문제를 잘 처리할 수 있을까? 어떻게 하는 것이 진정으로 상대를 배려하는 것일까?

설령 상대가 잘못한 일이라고 해도 "네가 잘못했지?"라고 직설적으로 말하면 갈등이 더 깊어질 수밖에 없다. 효율적이고 품격 있는 교제를 하려면 상대를 질책하고 비난하기보다 감정을 솔직히 전달하는 편이 좋다. "이번 일로 정말 마음이 힘들어"라고 솔직하게 말해보자. 그런 뒤 상대도 자신의 감정을 털어놓기 시작하면 상대의 감정에 차분히 반응해주자. 이때는 서둘러 대응하거나 해명하려 들지 않는 것이 좋은데, 상대가 극도로 흥분한 상태이기 때문이다. 이런 상황에서 해야 할 일은 문제를 해명하고 설명하는 게 아니라 상대의 감정에 충분히 반응해주는 것이다.

심리학 연구 결과, 의식이 전혀 관여하지 않는 상황에서도 사람의 정서 계통은 자동으로 반응한다고 한다. 다시 말해, 문제의 원인을 정확히 이해하고 인식하기 전에도 정서와 감정이 먼저 반응할 수 있다는 얘기다. 감정이 완전히 폭발했을 때 머릿속이 텅 빈 것 같은 느낌을 받는 것도 이런 이유 때문이다. 이러한 상황에서 두뇌는 그저 격렬한 감정에 의존해 돌발 상황에 자동으로 반응한다.

따라서 만일 상대방과 의견이 일치하지 않거나 갈등이 생기더라도 충동적으로 대처하거나 불같이 화를 내지 않도록 주의해야 한다. 감정적으로 대응하는 일보다, 공동으로 추구하는 목표와 이익을 찾아내는 일이 더 중요하다. 사람과 사람 사이에 생기는 갈등은 피할수 없다. 하지만 그럼에도 자신의 입장을 굽히지 않고 양보하지 않으려 한다면 공동의 목표는 절대로 실행할 수 없고 정서적으로만 격해질 뿐일 것이다.

갈등을
해결하는 말하기

효과적으로 소통을 이어가기 위해서는 대화의 장벽을 허물고
잘못된 자의식에서 빠져나와 열린 생각으로 '잘난 나'를 내려놓아야 한다.

모임이나 협상 자리에서 적절하지 못한 표현을 사용하거나 의견을 잘 표현하지 못하면 분위기가 한순간에 얼어붙는다. 이런 일은 그 누구도 겪고 싶지 않은 악몽 같은 순간일 것이다. 만약 이런 상황이 발생하면 분위기를 바꾸기 위해 대화를 주로 이끌어가는 사람이 이런저런 말을 하게 되는데 그럴수록 분위는 더욱 험악해진다.

예를 들어 습관적으로 지각을 하는 한 직원에게 몹시 화가 난 상사가 "일하기 싫으면 나가!"라고 소리쳤다. 직원은 억울한 마음에 "그러죠. 뭐 그리 대단한 회사라고!"라며 맞받아쳤다. 몇 번의 지각과 한 번의 잘못된 소통으로 회사는 능력 있는 직원을 잃었고 직원은 직장을 잃게 되었다.

내향적인 사람은 말을 할 때 신중한 편이고 말수도 적지만 가끔 잘

못된 표현을 사용해 사람들과 갈등을 겪기도 한다. 어떻게 하면 이런 실수를 줄이고 분위기가 좋게 이어지게 할 수 있을까? 생각이 너무 많은 건 문제가 아니다. 중요한 건 어떤 방법으로 소통하느냐다.

열린 대화 시도하기

한 모임에서 날씨를 주제로 대화가 시작되었다고 하자. 당신이 "오늘 날씨가 정말 춥네요!"라고 말하면 보통 상대는 "맞아요"라고 대답할 것이다. 그러면 대화는 거기서 끝나버린다. 대화를 이어가기 위해 다른 주제를 생각해내려고 하지만 잘 떠오르지 않고 결국 어색한 분위기만 감돈다. 이렇게 된 이유는 '닫힌 대화' 방식으로 말했기 때문이다.

열린 방식으로 대화하려면 어떻게 해야 할까? 예를 들어 "요즘 날씨가 상당히 추워졌어요. 그래서인지 회사에 독감이 유행하더라고요. 그쪽 회사는 어때요?"라는 식으로 말하면 된다. 그러면 상대는 "맞아요", "글쎄요"라고 대답한 다음, 그쪽 회사는 어떠냐는 질문에 답하게 될 것이다. 그다음 업무 스트레스나 오피스 환경 등 여러 주제에 관해 산발적으로 이야기를 나누면서 상대의 관심사를 이해하다 보면 대화는 자연스럽게 이어진다.

썰렁한 분위기를 피하는 가장 좋은 방법은 상대방이 말할 기회를 최대한 많이 만들어주는 것이다. 상대방이 좋아하고 관심 있는 화제를 꺼내 어색한 분위기를 전환시켜보자.

대화 중 장애물 넘기

비즈니스 회의나 업무 협상을 하다 보면 가끔은 고의로 상대방을 난처하게 만들 때가 있다. 그런데 사실 업무 협상에서 벌어지는 난처한 상황은 주로 참석자들의 성격 차이나 이익의 상충 등에서 비롯된다. 상대의 목표를 무너뜨리고 자신의 이익을 챙기기 위해 어려운 질문을 하거나 까다로운 문제를 제기하는 것이다. 이렇게 각자의 목표가 강할 때는 서로 입장 차이만 확인할 뿐 이익 다툼은 점점 커질 수밖에 없다. 갈등이 첨예한 가운데 협상이 순조롭게 끝나게 하기 위해서는, 긴장을 완화하고 분위기를 전환시킬 적절한 화제를 끌어와 서로 간 소통할 수 있게 유도해야 한다.

광고회사에서는 이런 상황이 빈번하게 일어난다. '갑을' 양측이 하나의 의제를 두고 쉬지 않고 논쟁을 벌이는 것이다. 예를 들면 다음의 상황과 같다. 고객(갑)이 "제시된 비용이 터무니없습니다. 조정 바랍니다. 그렇지 않으면 계약이 어렵습니다"라고 주장한다. 이에 광고회사(을)는 제시한 비용이 합리적이라는 사실을 해명하려고 하는데, 고객은 고집스럽게 "그에 관해서는 더 얘기할 여지가 없습니다"라고 하는 것이다.

이런 상황을 풀기 위해서는 다음과 같이 이야기해볼 수 있다. "회의가 길어져서 다들 배고프시죠? 이 근처 호텔 요리가 정말 맛있다고 하는데 식사부터 하시면 어떨까요? 식사 후에 회의를 다시 이어가죠." 식사를 하며 일과 관련 없는 가벼운 이야기를 나누며 긴장을 해소하면 그다음에 이어지는 회의에서는 협상의 가능성이 조금 더 커질 것이다.

이와 같이 대화 중 장애물이 발생했을 때는 그 화제에 관한 이야기를 잠시 멈추는 것이 좋다. 당장의 논쟁을 보류하고 생각을 전환하면 뜻밖의 진전이 있게 된다.

겸손함과 솔직함으로 대응하기

협상 자리에서 수세에 몰리면 자칫 수동적인 입장이 되기 쉽다. 이럴 때는 상대가 이야기를 끝낼 때까지 마냥 기다리지만 말고 상대의 고견을 구한다거나 자신의 약점을 인정하는 등의 성실하고 정직한 태도를 취하며 화제 전환을 시도해보자. 이렇게 하면 상대가 일방적으로 대화를 주도하는 걸 막을 수 있고 논쟁의 여지 또한 묻어둘 수 있다.

때로는 양측의 생각이나 기대하는 이익의 차이가 너무 큰 나머지 서로 첨예한 논쟁을 불러일으켜 분위기가 썰렁해지거나 심지어 협상이 결렬되기도 한다. 물론 관점이 다르거나 논쟁이 치열하게 이루어지는 것이 무조건 소통의 실패를 의미하는 건 아니다. 그러나 만일 그것을 잘 처리하지 않는다면 양측 모두 원하지 않는 부정적인 결과가 나올 수 있다. 따라서 이럴 때는 현명하게 화제를 전환하여 협상이 끝까지 순조롭게 이어질 수 있게 해야 한다.

예전에 있었던 일이다. 한 자동차 브랜드에서 판매한 제품에 문제가 생겨 몇 차례에 걸쳐 리콜 조치를 하게 되었다. 한 고객이 해당 브랜드의 판매점을 방문해 직원에게 단도직입적으로 물었다. "최근에 리콜한 자동차가 많죠?" 직원은 고객의 말을 부정할 수 없었다. 사실이었기 때문이다. 하지만 만일 단번에 인정해버린다면 고객에게 회사의 제품에 문제가 있음을 시인하는 셈이었고, 그러면 고객은 바로 발걸음을 돌려 다른 판매장으로 가게 될 것이었다. 직원은 어떻게 대응했을까? 그는 다음과 같이 재치 있게 대답했다.

"맞습니다. 최근에 몇몇 고객님들께서 재방문을 해주셔서 몇 가지 문제가 있다는 피드백을 주셨습니다. 회사는 고객님의 의견을 그냥 지나치지 않고 먼저 나서서 1,000대가 넘는 차량을 리콜하기로 결정했습니다. 리콜 조치에 적극적으로 협조해주신 고객님들에게 진심으로 감사드리고 있습니다. 수리 후 재방문해주신 고객님들의 만족도는 100퍼센트에 달합니다. 그러니 안심하셔도 됩니다. 당사에서 판매한 모든 제품에 관해서는 끝까지 책임지고 있으니 말입니다. 말씀을 들어보니 고객님께서는 자동차의 품질과 안전성을 매우 중시하시는 것 같은데 맞으신지요?"

직원은 대범하고 솔직하게 회사 제품에 문제가 있다는 걸 인정하면서 회사가 먼저 나서서 리콜을 결정했다는 사실을 강조했다. 나아가 높은 고객 만족도를 설명함으로써 방문 고객의 걱정을 덜어주었다. 마지막으로 그는 고객의 관심을 자동차 리콜에서 품질과 안전성으로 전환함으로써 자연스럽게 제품 소개로 넘어갔다. 겸손함과 솔직함을 유지하면서 적절히 화제를 전환하여 불리한 상황을 역전시

킨 예다.

대인 관계에서 나타나는 문제는 모두 나름의 해결 방법과 규칙이 있다. 우리는 습관적으로 그러한 문제를 '난처한 상황'이라고 분류하지만 사실 이러한 현상은 두 부류의 사람에게 자주 나타난다. 첫 번째 부류는 잘난 체하고 교만한 부류, 두 번째 부류는 내향적이면서 건방진 부류이다. 이들의 공통점은 자신이 최고라고 생각하고 자기 자신을 닫아버리는 것이다. 이들이 효과적으로 소통을 이어가기 위해서는 대화의 장벽을 허물고 잘못된 자의식에서 빠져나와 열린 생각으로 '잘난 나'를 내려놓아야 한다.

하기 힘든 말 하는 법

모든 사람들이 합리적으로 거절해야 한다는 건 잘 알고 있다.
하지만 모든 사람이 거절을 '잘' 하는 건 아니다.

심리학자 마거릿 헤퍼넌Margaret Heffernan*은 "거절은 조직과 팀을 발전하게 하는 핵심요소다. 성숙한 기업에서 가장 훌륭한 팀원은 지시에 복종하는 '예스맨'이 아니다. 반복되는 갈등과 논증을 통해 서로의 시야를 넓혀주고 도움을 주기도 하는 자기만의 견고한 생각을 지닌 사람이 훌륭한 팀원이다"라고 주장했다.

영화 〈악마는 프라다를 입는다〉에 등장하는 여주인공 앤드리아는 직장 초년생이다. 그녀는 뛰어난 실력을 가지고 있지만 악마 같은 편집장 미란다의 비서로 일한다. 성실하고 근면한 앤드리아는 거

---

* 심리학자이자 베스트셀러 작가, 보스턴대학 객원교수. 케임브리지대학을 졸업하고 BBC 방송국 PD로 일했으며 다섯 개 회사의 CEO를 역임했다. 오랫동안 직장 혹은 일상에서 나타나는 사람들의 황당한 행동에 관해 주목하고 연구했으며《의도적 눈감기》,《경쟁의 배신》등의 책을 썼고 대표작 모두 〈뉴욕타임스〉 베스트셀러에 이름을 올렸다.

절하기 힘들다는 이유로 상사의 지시를 100퍼센트 수행하려고 하는데, 그러다가 정작 자신의 생활은 엉망이 되어버리고 만다. 결국 그녀는 솔직하게 자신의 진심을 마주하고 상사의 요구를 거절하면서 새로운 인생을 열게 된다.

거절과 동시에 방법 제시하기

모든 사람들이 합리적으로 거절해야 한다는 건 잘 알고 있다. 하지만 모든 사람이 거절을 '잘' 하는 건 아니다. 내향적인 사람에게는 경쟁이 치열한 직장에 적응해서 잘 지내는 것만도 쉬운 일이 아니다. 신입 사원이라면 더 말할 것도 없다. 그들은 상사와 선배 등에게 잘 보이기 위해 무리한 요구를 모두 받아들이려고 하는데, 그러다 보면 정작 자신의 직책과 직무를 소홀히 하게 된다.

만약 누군가가 도움을 청했을 때 이미 진행 중인 일이 있다면, 게다가 그 부탁을 들어주느라 자신의 업무에 차질이 생길지도 모른다면 무엇이 더 중요한지 확실히 판단하여 분명하게 말해야 한다. "죄송해요. 오늘 꼭 처리해야 할 업무가 있어서요. 괜찮으시다면 이 일을 끝내고 도와드릴게요." 일을 마친 후에 동료에게 여전히 도움이 필요하다면 그때 도우면 된다.

사실 직접 거절하는 일은 어렵긴 하다. 특히 평소 관계가 좋은 동료의 경우라면 더욱 그렇다. 만일 관계가 좋은 동료가 도움을 요청할 때 거절해야 하는 상황이라면 어떻게 해야 할까? 이럴 때는 그에게 문제를 해결할 방법을 제시함으로써 당신의 직접적인 도움 없이도 일을 잘 처리할 수 있도록 도와주는 것이 좋다. 직접 나서지는 않았어도 유익한 의견을 제시했기 때문에 동료에게 미움이나 원망을 사는 일을 피할 수 있고 상대가 당신에게 헛된 기대를 하지 않게도 할 수 있다.

폭넓은 시각을 지닌 내향적인 사람은 부탁을 거절할 때와 수락할 때를 현명하게 판단하여 상대방을 진심으로 도울 수 있다.

상처 주지 않고 충고하기

내향적인 사람은 친한 친구와 특별히 가까운 관계이기 때문에 가끔 마음속에 있는 말을 숨김없이 모두 다 털어놓는다.

"너를 위해서 솔직히 얘기하는 거야."

"나 직설적인 거 알지. 마음에 담아두지 못하잖아."

"내가 아니면 누가 너에게 솔직하게 얘기해주겠니?"

하지만 이런 '솔직한 얘기'는 가끔 기대보다 못한 결과를 불러와 상대의 감정을 상하게 한다. 그럼 솔직함을 어떻게 표현해야 상대가 잘 수용할 수 있을까? 충고나 조언을 어떤 방식으로 표현하는 것이 좋을까?

충고는 그 사람을 위한 '개인적 건의'에 해당한다. 즉 상대가 의견을 받아들여 행동이나 말, 직업적 기술 등에 참고하길 바라는 마음에서 시작되어야 한다. 단순히 그 사람의 단점을 지적하려는 마음이어서는 안 된다.

좋은 충고는 일이 좋은 쪽으로 흘러가게 도울 뿐 아니라 상대가 자신의 실수나 단점을 보완하게 돕는다. 하지만 반대로 나쁜 쪽으로 일이 흘러갈 수도 있고 화목했던 분위기를 깨뜨려 갈등을 깊게 할 수도 있다. 내향적인 사람은 보통 자신의 입장이나 생각을 쉽게 드러내지 않지만 때때로 상대에게 하기 힘든 말을 해야 할 때도 있기 마련이다. 이런 경우 어떻게 말해야 상대에게 상처를 주지 않고 오히려 관계를 가깝게 만들 수 있을까?

다시 한 번 말하지만 충고의 목적은 상대가 자신의 실수나 부족함을 고칠 수 있게 돕는 것이다. 하지만 사실 충고라는 것 자체가 마음을 불편하게 하기 때문에 가까운 동료 혹은 친구 사이에서는 더욱 신중하게 말을 꺼내야 한다. 많은 경우 그런 말을 들은 당사자는 그 말을 있는 그대로 받아들이지 않고 어떻게든 반박하거나 해명하려고 한다. 그래서 말을 꺼내기 전에 그 후에 나타날 결과를 신중하게 고려해야 하며 이해득실을 잘 따져보아야 한다. 그런 다음 상대가 기꺼이 수용할 방식을 선택함으로써 오해하지 않고 잘 받아들여 자신의 잘못을 고칠 수 있게 도와야 한다.

가령 친구에게 이런 이야기를 할 때는 상대가 받아들일 수 있는 선까지만 하는 게 좋다. 자존심이 아주 강한 동료의 경우 설령 잘못을 했다고 하더라도 따뜻하게, 상처를 남기지 않는 방법으로 조언해야 한다. 완고하고 비겁하며 게으르거나 심지어 충돌을 일삼는 대상에게는 각종 증거와 논증을 바탕으로 변론식의 압도적인 질책을 가해야 하며 상대가 반박하지 못할 지경에 이르렀을 때 위로를 건네야만 기대하는 효과를 볼 수 있다.

03

내향적인 성격에서 배우다

진실한 친구가
되는 법

문제를 자꾸만 회피하고 부정적인 태도를 보인다면
책임감이 부족하다는 인상을 남기기 쉽다.

내향적인 사람에게 가장 큰 어려움은 낯선 사람을 사귀는 것이다. 특히 직장 내에서 이뤄지는 여러 사교 활동에 많은 부담과 불편함을 느끼는데 이런 불편은 현실적으로 피할 수 없는 경우가 많다. 물론 그들도 직장에서 다른 사람과 교제하면 자기 의견을 더 잘 전달할 수 있고 팀을 도와 자원을 얻어내거나 업계 내 전문 지식을 쌓는 등, 더 의미 있는 목표를 달성할 수 있다는 사실을 잘 안다. 하지만 늘 마음에 부담감이 있어 활동에 참여하는 걸 망설이기 때문에 '적극적이지 않다'는 인상과 '말수가 적다'는 인상을 남긴다.

요즘 같은 인터넷 시대에는 문자 메시지나 SNS, 메신저 등 소통 방식이 다양하기 때문에 많은 경우 꼭 얼굴을 보지 않고도 대화를 나눌 수 있다. 하지만 사람을 직접 만나서 대화를 나누는 것과 만나지 않고 대화를 나누는 것의 효과는 매우 다르다. 일상생활 혹은 직장생활을 하다 보면 어쩔 수 없이 인간관계를 넓혀야 할 때가 있다. 그렇다면 내향적인 사람은 어떻게 해야 직장에서 관계에 대한 부담과 걱정을 내려놓고 과감하게 첫발을 내디딜 수 있을까?

내향적인 사람은 조용한 환경 속에서 혼자 자유롭게 자기가 좋아하는 일을 할 때 내면의 만족을 느낀다. 따라서 평소의 이러한 생활 방식에서 출발해 자신에게 잘 어울리는 직업이나 관심 있는 화제를 찾아 적극적으로 사람들과 소통할 수 있다. 물론 일부러 인간관계를 넓히려는 목적으로 대화를 나눌 필요는 없다. 내향적인 사람이든 외향적인 사람이든 사람을 사귈 때 반드시 유념해야 할 사항은 이익에 끌려가는 관계를 지양해야 한다는 점이다.

사람들과 교제를 하더라도 맹목적으로 행사만 쫓아다니거나 의미 없이 명함만 나눠주는 일은 하지 말자. 그 대신 독서를 하거나 글을 쓰는 등 자신에게 유익한 일에 시간을 더 투자해보자. 이런 활동을 통해 내실을 다지고 더 나은 자신을 만들 수 있다. 자신의 내실을 다지고 나면 내향적인 사람도 외부 세계의 인정을 충분히 받을 수 있고 그러면 더 많은 사람들이 먼저 찾아와서 당신과 친구가 되고 싶어 할 것이다. 일부러 나서서 관계를 만들어내거나 억지로 사귀려고 하지 않아도 된다. 내향적인 사람도 자신이 비교적 잘하는 방식으로 교제를 이어나가면 많은 만족감을 얻을 수 있다.

직장에서의 인간관계도 똑같다. 자신의 괴팍한 이미지를 빨리 바꾸고 싶어서 사교 활동에 많이 참여하는 것도 나쁘지 않다. 사실 먼저 다가가 인사를 건네고 가벼운 농담 섞인 대화를 나누는 건 그리 어려운 일은 아니다. 이익을 좇는 마음만 버린다면, 강한 목적성만 담지 않는다면 가벼운 수다나 한담으로 편안한 마음을 유지하면서 교제를 시작할 수 있다.

사람은 자신의 있는 그대로의 모습으로 살 때에 비로소 빛을 발한다. 특히 지금과 같은 인터넷 시대에는 사람들 간의 소통과 교류가 시공간의 제약을 받지 않는다. 내향적인 사람도 얼마든지 자신만의 세계에서 벗어나 각종 방식으로 내면을 다듬고 능력을 키워 자신감을 키울 수 있다. 다시 한 번 강조하지만 누군가를 알게 되는 건 사실 별로 어려운 일이 아니다. 문제는, 그 관계를 계속 유지할 수 있는지, 그리고 진정한 친구로 거듭날 수 있는지다.

외향적인 사람은 더 재미있고 나은 삶은 삶기 위해 각종 인간관계를 적극적으로 만들지만 내향적인 사람은 다르다. 개인의 사업이나 일이 성과를 거두면 관계의 폭이 자연히 넓어지는 식이다. 다시 말해 내향적인 사람은 먼저 자신만의 세계를 찾아 그 안에서 스스로 만족할 만한 성과를 내야 한다. 자신의 영역에서 전문가가 되거나 유명인사가 되면 동종 업계의 사람들이 저절로 찾아들어 업적과 능력을 칭찬하고 존중해줄 것이다. 그때가 되면 주변에 뜻이 맞는 친구가 많이 생길 것이며 예전에는 꽁꽁 닫아두었던 마음의 문이 자연스럽게 열릴 것이다.

직장이나 사회에서 자신의 가치를 증명하려면 좋은 입소문을 타야 하며 자신의 일을 완전히 숙지하고 마스터해야 한다. 전문성을 가진 사람은 일상생활이나 직장에서 모두의 인정을 받는다. 많은 사람들이 성격이 성공을 좌우한다고 생각하지만 그건 틀린 생각이다. 조화롭게 사회 구성원으로 살아갈 수만 있다면 성격은 절대로 문제가 되지 않는다. 오랫동안 사회생활을 해본 사람은 상대가 진심으로 자신을 대하는지 거짓으로 대하는지 단번에 알아챈다. 다만 그것을 티내지 않을 뿐이다.

직장에서 사람들과 좋은 관계를 유지하고 싶다면 당신도 노력해야 한다. 시간이 지나면 그 노력은 자연스럽게 빛을 발할 것이다. 모든 사람에게 가족과 친구가 있지만 평소에 그들과 대화하고 교류하는 것보다는 직장에서 동료들과 함께 보내는 시간이 절대적으로 많은 게 사실이다. 그러니 가족을 도와줄 때 보상을 바라지 않는 것처럼 동료를 도와줄 때도 그렇게 하는 게 좋다. 직장에서는 누군가를 돕는 것이 곧 자기 자신을 돕는 것이다.

말이 많은 사람은 대부분의 경우 직장에서 환영받지 못한다. 이런 사람은 겉으로는 사람들과 잘 지내는 것처럼 보이지만 실제로 대다수의 사람이 이런 부류의 사람과 깊이 교제하는 걸 꺼린다. 비밀을 잘 지키지 않고 사람과의 관계에서 정도를 지키지 못한다는 인상이 있기 때문이다. 직장에서의 가장 좋은 처세는 일은 많이, 말은 적게

하는 것이다. 업무 이외의 일에 대해서는 자기 생각을 표현하기는 하되 동료나 상사에 대해서는 평가하지 말아야 한다.

많은 사람이 직장 안에서 두각을 드러내고 싶어 하며 좋은 관계를 유지하고 싶어 한다. 하지만 그것을 목표로 일부러 노력하고 행동하는 사람은 오히려 자신만의 원칙이 없어서 신뢰를 얻지 못한다. 자기만의 원칙을 고수하려면 시간이 필요하다. 처음에는 사람들에게 오해나 미움을 사기도 하고 업무를 진행하는 데 방해가 되기도 하겠지만 시간이 지나 원칙을 고수하는 모습은 사람들에게 점점 믿음을 주게 될 것이다.

부족함을 채우는 길

사람은 자신의 있는 그대로의 모습으로
살 때에 비로소 빛을 발한다.

현실에서는 무슨 일을 하든지 생각지 못한 일을 만나기 마련이며
자신도 모르게 실수나 잘못을 저지르기도 한다. 내향적인 사람은 특
히 다른 사람의 눈을 의식해서 자신의 부족함이 탄로 나는 걸 극도
로 두려워한다.

일단 관계에서 오해가 생기거나 업무를 진행하다가 문제가 발생
하면 많은 사람이 습관적으로 그에 대한 변명을 늘어놓는다. 자신의
잘못을 인정하고 깊이 사과하는 사람은 드물다. 그런데 변명 뒤에 가
려진 말을 잘 들어보면 '완벽하게 하지 못한 건 어쩔 수 없다'는 뜻이
숨어 있다. 내향적인 사람에게는 '완벽주의' 성향이 있어서 자신의 부
족함 때문에 비난을 당하거나 인정받지 못하는 걸 특히 두려워한다.

그렇지만 우리는 세상에 완벽한 사람은 없으며 완벽한 일 또한 없

다는 사실을 인정해야만 한다. 만일 자신에게 일정 정도의 책임이 있다면 변명을 내려놓고 잘못을 인정하는 태도가 필요하다. 문제를 자꾸만 회피하고 부정적인 태도를 보인다면 책임감이 부족하다는 인상을 남기기 쉽다. 어떤 상황에서든 이런 사람은 긍정적인 평가를 얻기 어렵고 신뢰를 얻기 어려워서 사람들의 인정과 지지를 받지 못한다. 그러면 커리어를 계발하는 데 많은 어려움이 따르기 마련이다.

물론 변명을 내려놓고 진정으로 자신의 잘못을 인정하고 수정하는 일이 하루아침에 이루어지는 건 아니다. 또 그렇게 한다고 해도 다른 사람의 인정과 지지를 단기간에 얻어낼 수 없을지도 모른다. 하지만 상관없다. 당신의 진심만 전달할 수 있으면 된다.

예전에 잡지사에서 일했을 때 일이다. 그곳의 수석 편집장 J는 일한 지 4년 정도 되었었는데 조용하고 매우 내성적이었지만 정말 일을 열심히 했다. 아무도 몰라주던 어시스턴트에서 회사의 주요 간부가 되기까지 J는 정말 많은 노력을 했다. 한번은 대화를 나누는데 J가 이런 말을 했다. "처음에는 내가 잘 해내지 못할 거라는 생각에 많이 무서웠어요." 나는 내 귀를 의심했다. J는 그전에도 잡지사에서 일했었는데 실습 기간에 실수를 많이 해서 선배와 동료들에게 적지 않은 질타를 받았다고 한다. 나중에는 부서 담당자가 따로 불러서 다른 직장으로 옮길 생각은 없냐고 물어보기까지 했다.

"그 당시에는 그냥 텍스트가 좋고 글 쓰는 게 좋아서 잡지사에 들어갔죠. 그런데 실제 업무는 제가 생각했던 것과 많이 다르더라고

요." J가 내놓은 아이디어는 늘 부서 담당자의 반대에 부딪혔다. J는 자신이 편집이나 취재에 재능이 없다고 여겨 결국 잡지사를 그만두 었다.

몇 개월의 휴식기를 통해 J는 생각에 생각을 거듭했고 최종적으로는 계속 이 일을 해야겠다고 결심했다. "사실 저도 제 능력을 의심 했어요. 나는 안 될 거라고 생각했죠. 좋아하는 일을 직업으로 삼는 건 무리라고 생각하기도 했어요." 심리적인 부담이 컸지만 J는 다시 한 번 도전하기로 했다.

두 번째 잡지사에 취직하고 나서는 선배들의 취재 원고를 전부 다 정독했다. 명문이라고 생각되는 부분은 스크랩했고 틈틈이 짬나는 대로 취재와 편집에 관한 지식을 공부했다. 그리고 4년 차에 마침내 잡지사의 수석 편집장이 되었다.

J는 자신이 저지른 실수들 때문에 스스로 무너지지 않았고 오히 려 그것을 거울삼아 더 열심히 노력했다. 처음에는 다른 사람들 모 두 안 될 거라고 말했고 스스로도 안 될 거라고 생각했다. 하지만 결 국에 J는 자신이 좋아하는 일과 이상을 포기할 어떤 핑계나 이유도 찾지 못했다. 오히려 부단한 노력을 통해 자신이 해낼 수 있다는 걸 행동으로 증명했고 그렇게 이상적인 성과를 거두었다.

사람과의 관계에서도 자신의 이익만 생각해서는 안 된다. 그러면 결국 상대에게 상처를 남기고 관계를 망가뜨리게 될지도 모른다. 그런데 사실 이는 실천하기 어려운 일이다. 많은 사람이 자신의 이익을 위해 각종 이유를 찾아 변명으로 삼으면서 상대에게 상처 주는 건 전혀 신경 쓰지 않는다. 비즈니스 사회에서는 이런 목적 지향 주의가 강해서 서로 간의 신뢰를 무너뜨리고 상처를 주는 일이 비일비재하다.

사실 업무를 진행하거나 어떤 프로젝트를 완수할 때 가장 힘든 부분은 업무 자체가 아니라 고객과의 협상 과정이다. 예전에는 프로젝트를 진행할 때 먼저 작업을 마친 후 결산을 했다. 그러면 마지막에 명세서에 따라 모든 비용을 정산했다. 사용한 비용에 따라 정산하면 되었기에 어떤 변명거리도 필요하지 않았다. 하지만 시대가 변하면서 지금의 비즈니스 세계에서는 갑을 양측이 즐겁고 유쾌하게 단번에 협의를 이뤄내는 일은 많지 않은 것 같다.

위탁을 받은 회사에게 가장 중요한 목적은 이익을 극대화하는 것이며 일을 위탁하는 입장의 고객에게 가장 중요한 건 예산을 최소화하는 것이다. 모든 사람이 고객과 하하 호호 웃으며 즐겁게 일하고 싶어 하지만 많은 경우 이익이 충돌하여 합의점을 찾아내지 못하고 양측은 각종 이유와 핑계를 찾아 자신의 이익을 쟁취하려고 한다. 이런 경우, 만일 한쪽이 협력의 필요성을 충분히 인식한다면 집착을 내려놓고 먼저 양보해서 합의를 이뤄낼 수 있다.

프로젝트를 성공적으로 완수하는 것이야말로 양측 모두에게 유리한 것 아닌가? 너무 가혹하고 엄격하게만 군다면 협력의 과정은 순탄치 않을 것이다. 작은 이익에 눈이 멀어 큰 것을 놓치면 결국 양측 모두에게 얻는 것보다 잃는 것이 더 많아진다는 사실을 기억해야 할 것이다.

리더의 기질을 읽다

내향적인 사람의 생각은 행동의 나침반이 되기도 하며
힘의 원천이 되기도 한다.

내향적인 사람은 사색을 잘하고 주변 모든 사물에 매우 민감해서 이상과 꿈을 구체적으로 잘 그려낸다. 하지만 새로운 환경에 적응하는 능력은 비교적 약한 편이다. 그들은 긴 적응기를 거쳐 불안한 정서를 해소한 뒤에야 상응하는 대책을 생각해낼 수 있다.

지금처럼 번잡하고 시끄러운 사회에서는 중요한 결정을 내리거나 구체적인 액션을 취하기 전에 늘 논쟁을 거쳐야 한다. 개인의 행동은 물론 기업의 의사 결정도 마찬가지다. 내향적인 사람은 이러한 환경 속에서 중요한 참모의 역할을 수행한다.

중요한 의사 결정을 앞두고 전방위적으로 사고하는 내향적인 사람들은 언제나 사전에 충분한 준비를 한다. 그들의 깊은 사고력과 통찰력을 엿볼 수 있는 대목이며, 이러한 능력은 생각을 행동으로 옮길 때 큰 힘과 방패가 되기도 한다.

내향적인 사람의 생각은 행동의 나침반이 되기도 하며 힘의 원천이 되기도 한다. 그들은 보통 과거의 경험과 새롭게 변화하는 사실을 연관 지어 생각하면서 참신한 해결 방법을 모색한다. 그들은 예전 것을 돌아보면서 미래를 준비하길 좋아하며 머릿속으로 사건의 전후 맥락을 세밀하게 그리면서 사물 사이에 어떤 관련이 있는지 연구한다. 그리고 그 모든 지혜를 모아 문제를 해결한다.

내향적인 사람들이 모두 어떤 방면의 리더가 되는 것은 아니지만, 그들은 좋은 리더의 조건을 타고났다. 그들에게는 다른 사람의 말과 행동을 주의 깊게 관찰하는 습관이 있다. 이 과정을 통해 그들은 사물을 바라보는 방법을 습득하고 더 나은 방법으로 타인과 대화를 나누고 교제한다.

내향적인 사람은 인내심 넘치는 적극적인 청중이다. 누군가가 좌절을 만났거나 실망했을 때 알맞은 도움을 주고 지지해주는 사람이기도 하다. 그들은 방관자처럼 사건을 관찰하지만 한편으로는 타인의 감정을 깊이 공감하고 위로한다. 또 깊은 생각을 거쳐 상대에게 의미 있는 행동 방안을 제시하며 실질적인 대책을 내놓아 문제 해결을 돕는다.

우리 사회는 실행력과 표현력을 지나치게 숭상한다. 이는 외향형 중심의 사회에서 비롯된 이념이기도 하다. 사람들은 성과에 지나치게 집착하며 사람과 사람 사이의 경쟁을 강조한다. 그래서 모든 사람은 사회 속에서 홀로 외롭게 전쟁을 치른다. 내향적인 사람은 사회 현실을 깊이 인식하고 본질적으로 이해하며 무슨 일을 결정할 때 끊임없이 자기를 돌아보고 성찰한다. 또 자신의 행동과 자신만의 규칙이 부합하길 희망하며 현실의 이익 때문에 꿈을 저버리는 일이 없기를 갈망한다.

내향적인 성격은 일종의 뛰어난 기질에 해당하며 그들은 보통의 사람들보다 훨씬 더 깊이 생각하고 인지하는 능력을 지녔다. 감정 표현이 지나치게 소심하거나 위축되어 있지 않지만 그렇다고 격렬하지도 않다. 이런 점은 소위 우아하고 고상한 사람이 지닌 내면의 힘을 묘사할 때 사용하는 표현과 딱 맞아떨어진다. 그들의 말과 행동에는 내면의 기질이 그대로 드러나는데, 이를 통해 일이나 생활 속에서 이상적인 목표를 달성할 수 있다.

내향성, 당신이
절대 버리지 말아야 할 것

최근 젊은이들의 자기소개서를 가만히 들여다보면 하나같이 자신의 사교 능력을 자랑하는 문구를 발견할 수 있다. '성격이 활발하며 소통을 잘하고 팀워크를 잘 발휘함.' 진짜 그런 사람이든 아니든, 정말 그걸 좋아하든 아니든 모두 그렇게 자신을 소개한다. 현대 비즈니스 사회가 그런 사람을 원하며 조용하고 말수가 적고 조직에 잘 어울리지 않는 사람은 좋아하지 않는다는 사실을 알 수 있는 대목이다.

1920년대, 스위스 심리학자 칼 구스타프 융이 제기한 '인격 유형설'에 따르면 내향적인 성격의 사람은 내면세계의 생각과 감정에 이끌려 행동하지만 외향적인 사람은 외부의 삶과 활동에 더 집중하는 경향을 보인다. 내향적인 성격의 사람들은 사물의 내부 혹은 의의에 집중하는 반면 외향적인 성격의 사람은 사건 자체에 관심을 쏟는다. 내향적인 사람 대다수는 혼자 있을 때 에너지를 얻지만 외향적인 사람은 사교 활동에 참여하면서 에너지를 충전한다.

사실 '내향'이라는 단어 자체는 중성적인 의미의 단어인데, 시간이 지나면서 점차 민감하고 보수적이며 연약하고 비관적이며 고독을 즐기고 냉정하고 과묵하며 열등감을 지닌 부정적인 의미의 단어로 변하였다. 그래서 내향적이고 조용한 사람은 오랫동안 경쟁과 협력을 중시하는 사회 환경 속에서 주목받지 못하거나 외면당했다.

수전 케인은 자신의 저서를 통해 외향적인 성격을 숭배하는 사회 현상을 적나라하게 꼬집었다. 또 이러한 편견이 아주 오랜 시간 미국 문화에 녹아 있었음을 지적하며 하버드 경영대학원 MBA의 인재 양성 방식을 비판했다. 아울러 내향적인 사람의 장점을 비롯해 그들이 지닌 독특한 특징을 자세히 설명한다. '하나님이 모세를 선지자로 정한 이유가 무엇일까? 모세는 말더듬이에 대중 앞에 서서 말하는 데 공포를 느끼는 사람이었다. 그러나 이스라엘 백성들이 모세를 따른 이유는 그가 말을 잘해서가 아니라 그의 말 한마디, 행동 하나가 모두 심사숙고를 거친 것이었기 때문이다.' 그녀는 아인슈타인의 말을 인용해 이렇게 강조한다. '나는 혼자 행동하고 사고한다. 무리를 짓지도 않고 사람을 모으지도 않는다. 왜냐하면 기정의 목표를 달성하기 위해서는 결국 누군가는 깊이 생각해야 하고 지휘해야 한다는 걸 알기 때문이다.' 이로써 단체의 협력 정신을 지나치게 강조하는 이 사회를 돌아볼 것을 시사한다. 그녀는 많은 경우 팀으로 무리 지어 일하는 것보다 혼자 일할 때 더 높은 성과를 낼 수 있음을 강조한다.

그렇다고 해서 그녀가 내향적인 성격을 무조건 칭찬하기만 하는 것은 아니다. 그녀는 내향적인 사람들의 성정이 상당 부분 유전자에 의해 결정되며 구체적인 개성은 후천적으로 형성된 것이라고 주장한다. 내향적인 사람도 자신의 성격 중에서 좋은 것은 취하고 단점은 개선해야만 자유롭게 살 수 있으며 원래의 성정을 뛰어넘을 수 있다는 것이 그녀의 생각이다. 그녀는 성격의 다양성에도 주목하였는데 그중에서도 부끄러움을 많이 타는 사람은 낯선 사람을 경계하는 것일 뿐 그들을 두려워하거나 무서워하는 게 아니라는 점을 설명했다. 전쟁터에서는 두려움 없는 영웅일 수는 있어도 낯선 사람 앞에서는 자신감 없는 모습을 보일 수도 있다는 것이다.[1]

역사를 거슬러 올라가 보면 미국인들의 성격은 신대륙에 도착한 '메이플라워' 호의 개척자들에서부터 시작한다. 그들의 선조는 모두 모험심과 개척정신이 뛰어난 사람들이었다. 신대륙을 개척하고 비즈니스 사회를 발전시키기 위해 대부분의 미국인은 자신의 성격을 외향적으로 바꿔야만 했다. 내향적인 사람은 자연스럽게 외면당하기 시작했고 사람들은 그들을 보며 '말수가 적은 사람들은 능력이 없는 게 아니라 마음 자체가 다른 곳에 있는 것'이라 평가했다. 미국에서 매년 100억 달러 이상의 수익을 창출하는 산업이 바로 '심리 셀프헬프self-help' 산업이다. 간단하게 말하자면 내향적인 사람, 열등 감에 시달리는 사람, 자신감이 부족한 사람이 자신감 넘치는 외향적 인 사람으로 거듭나도록 돕는 일종의 심리 치료다. 이 업계의 창시 자가 바로《카네기 인간관계론》과《카네기 자기관리론》의 저자 데 일 카네기다.

현대 사회는 빠르게 발전을 거듭하면서 경제가 주류 가치관으로 자리 잡았다. 비록 현실 사회가 점점 외향적인 성격을 칭찬하고 높 이 사지만 내향적인 사람들도 충분히 그 안에서 함께 일하고 어울 릴 수 있다. 나아가 더 융통성 있게 사고하고 독립적인 특징을 활용 해 무리 안에서도 고도의 집중력을 발휘할 수 있다. 또한 그들은 책 임감과 창의성이 넘치며 사물을 깊이 분석하는 능력을 지녔다. 대다 수 사람이 학교나 직장에서 활발한 성격의 외향적인 사람들을 의지 하지만 사실 이는 내향적인 사람들의 장점을 잘 이해하지 못해 그 런 것이다.

오랫동안 많은 내향적 사람이 창의적인 일에 종사하고 싶어 했지 만 뜻대로 잘 되지 않았다. 내향적인 사람들의 성장 환경이 그리 이 상적이지 못했고 사회 각 분야에 너무 많은 제약이 뒤따랐기 때문 이다. 내향적인 사람들은 다른 사람과 똑같은 길을 걸어야만 했고 주류 사상에 위배되는 일은 감히 도전하지 못했다. 그래서 이렇게 억압된 분위기 속에서 내향적인 사람 대부분이 주목을 받지 못했고 다변하는 사회 환경에 적응하지 못했다. 그래서 나는 이 책이 지금의 환경 속에서 내향적인 사람들에게 실질적인 도움과 참고가 되길 희망한다. 이 책을 통해 내향적인 사람들이 자신의 장점을 인식하고, 더 잘 발휘하고, 성숙하게 성장하길 바란다. 무엇보다 억지로 자신의 성격을 바꾸려 하지 않길 바란다.

진정으로 자신을 이해하고 수용하는 사람은 '철저한 변화'를 위해 몸부림치지 않아도 된다. 누구든지 있는 그대로의 성격을 살아내면 된다. 자신의 삶에서 자유를 누리면서 조금씩 천천히 시도하는 것으로 충분하다.

당신의 진짜 성격을 마음껏 인정하고 개발하길 바란다. 진실하게 나 자신을 마주하고 타인의 마음의 소리에 귀 기울이며 손을 내밀면 이 세상도 너끈히 끌어안을 수 있을 것이다.

주

시작하며

1   《내성적인 사람이 성공한다》, 마티 올슨 래니, 박윤정 역, 서돌, 2006.

2   《내성적인 사람이 성공한다》, 마티 올슨 래니, 박윤정 역, 서돌, 2006.

3   《내성적인 사람이 성공한다》, 마티 올슨 래니, 박윤정 역, 서돌, 2006.

PART1 I 세상의 절반은 내향인의 것

01 나는 내향적인 사람입니다

1   아서 레버, 영국 바이킹출판사, 1985.

2   《콰이어트 : 시끄러운 세상에서 조용히 세상을 움직이는 힘》, 수전 케인, 김우열 역, 알에이치코리아, 2012.

3   《외향적인 사람들의 강점》 제1장 '갈매기 같이 날아오르는 사람들', 후덩胡鄧, 기계공업출판사, 2010.

4   《콰이어트 : 시끄러운 세상에서 조용히 세상을 움직이는 힘》, 수전 케인, 김우열 역, 알에이치코리아, 2012.

02 내향인의 특성 파헤치기

1   《중국의 근심中國的憂傷》, 허화이홍何懷宏, 법률출판사, 2011.

03 낡은 생각과 새로운 인식

1   《콰이어트 : 시끄러운 세상에서 조용히 세상을 움직이는 힘》, 수전 케
     인, 김우열 역, 알에이치코리아, 2012.

2   《외향적인 사람들의 강점》, 후덩 저, 기계공업출판사, 2010.

PART2 I 판을 뒤집는 내향인의 자질

01 내향성의 틈을 바라보다

1   《사회심리학》, 앨리엇 애런슨Elliot Aronson, 구자숙 역, 탐구당, 2002.

2   《심리학이란 무엇인가 : 사람이 알아야 할 가장 위대한 지식》, 알프
     레드 아들러, 김문성 역, 스타북스, 2011.

3   《아인슈타인 평전》, 데니스 브라이언, 송영조 역, 북폴리오, 2004.

4   《외향적인 사람들의 강점》, 후덩, 기계공업출판사, 2010.

02 남다른 성공을 이룬 사람들

1   이 책에 소개된 빌 게이츠의 이야기는 2005년 중국 신세계출판사에
     서 발간한 《빌 게이츠 전기》의 제3장 '경영 편'과 제5장 '의사결정편'
     에 나온 내용을 인용한 것이다.

2   워런 버핏이 맨손으로 지주 회사 버크셔헤서웨이를 일궈낸 이야기를
     비롯해 그의 투자 이념과 성공의 비결을 다룬 미국 다큐멘터리. 이 책
     에서는 해당 작품의 줄거리를 바탕으로 논리를 구성하였다.

3   《진융 평전》, 촨궈용傳國涌, 저장인민출판사, 2013.

4   《한결같은 영화인의 꿈 : 이안 평전》, 장리앙張靚, 중신출판사, 2013.

5   《해리 포터의 '어머니' : 조앤 K. 롤링 평전》, 코니 앤 커크Connie Ann
     Kirk, 지우저우출판사, 2005.

PART3 I 세상 앞에 당당하게 서다

01 내향적 성격의 도약

1   《내성적인 사람이 성공한다》, 마티 올슨 래니, 박윤정 역, 서돌, 2006.

2   《윈스턴 처칠》, 우후이잉吳慧穎 편저, 랴오하이출판사. 1998.

02 자유롭고 편안하게 소통하는 법

1   《세상에 낯선 사람은 없다》, 류시핑劉希平, 베이징연합출판공사,
     2017.

마치며

1   《콰이어트 : 시끄러운 세상에서 조용히 세상을 움직이는 힘》, 수전 케
     인, 김우열 역, 알에이치코리아, 2012.

222

당신이 절대 버리지 말아야 할 것

1판 1쇄 인쇄 | 2020년 2월 19일
1판 1쇄 발행 | 2020년 2월 26일

지은이 | 탄윈페이 譚云飞
옮긴이 | 하은지
펴낸이 | 이종문 李從聞
마케팅 | 이진석 김설아
펴낸곳 | 국일미디어

등록 | 제406-2005-000025호
주소 | 경기도 파주시 광인사길 121 파주출판문화정보산업단지(문발동)
영업부 | Tel 031)955-6050 | Fax 031)955-6051
편집부 | Tel 031)955-6070 | Fax 031)955-6071

홈페이지 | www.ekugil.com
블로그 | blog.naver.com/kugilmedia
페이스북 | www.facebook.com/kugilmedia/
E-mail | kugil@ekugil.com

값은 표지 뒷면에 표기되어 있습니다.
잘못된 책은 구입하신 서점에서 교환해 드립니다.

ISBN 978-89-7425-981-5 03190